죽은 자들은 말한다

Les Morts ont la Parole
Dr. Philippe Boxho

죽은 자들은 말한다

필리프 복소　　　　　　　최정수 옮김

민음사

LES MORTS ONT LA PAROLE
by Philippe Boxho
Copyright © Kennes 2022
All rights reserved.

Korean translation edition is published by arrangement with
Les 3 As through Susanna Lea Associates.
Korean Translation Copyright © Minumsa 2025
이 책의 한국어판 저작권은 Susanna Lea Associates를 통해
Les 3 As와 독점 계약한 ㈜민음사에 있습니다.
저작권법에 의해 한국 내에서 보호를 받는 저작물이므로
무단 전재와 무단 복제를 금합니다.

차례

프롤로그 7

1 어떻게 법의학자가 되었는가? 11
2 범죄 현장 17
3 살아 있는 시신 27
4 살인인 줄 알았는데 39
5 죽은 딸의 전화 목소리 51
6 부패와 파묘 69
7 법의곤충학자와 파리들 79
8 법의인류학자와 해골들 87
9 미라가 된 시신 99
10 사람을 먹는 동물들 113
11 인간의 상상력에는 한계가 없다 121
12 자살처럼 보이는 죽음 135
13 어떻게 불태웠을까? 149
14 총알 구멍이 알려주는 것 163
15 포크를 삼킨 남자 177

16	원초적 본능	187
17	방귀와 질식사의 관계	205
18	술이 해결해 준 살인 사건	215
19	여자들의 음모	225
20	장의사들의 직감	245
21	드라마 같은 재판 현장	255

| | 에필로그 | 269 |

프롤로그

여러분이 손에 들고 있는 이 책은 내가 30년 넘게 직업으로 삼아 온 법의학자의 일상을 이야기하고 싶은 마음에서 탄생했다. 법의학자는 세상에 꼭 필요한 직업이지만, 비현실적인 면이 많은 시리즈물이나 추리소설을 통해 소개되는 이야기들 말고는 일반 대중에게 거의 알려지지 않았다. 그래서 나는 독자 여러분을 몇몇 범죄와 사고 현장에 나와 함께하도록 초대해 특정한 진실들을 다시 확립하고 여전히 신화나 전설의 영역으로 남아 있는 이 직업의 베일을 벗겨 내는 일이 중요하다고 생각하게 되었다.

그렇기는 하지만 내 활동 영역이 주로 벨기에 리에주주(州)와 뤽상부르주에 걸쳐 있으므로, 리에주에서 내가 업무상 한 일들 중 매우 상징적인 일들에 대해서는 독자 여러분에게 말하지 않기로 결정했다. 따라서 1998년에 일어난 스타블로 참사에 대해서는 이야기하지 않을 것이다. 트럭 한 대가 가파른 경사로를 굴러 내려가다가 도시의 역사 지구에서 폭발한 사건 말이다. 2006년 리에주의 생레오나르 지구에서 납치되어 살해된 두 소녀 스테이시와 나탈리 사건도 마찬가지이다. 2010년 리에주의 레오폴드로(路) 참사 때는 건물 두 채가 폭발해 화재 및 붕괴로 열네 명이 희생되었다. 2011년에는 생랑베르 광장에서 무차별 공격 사건이 일어났다. 노르딘 암라니라는 남자가 군중에게 총격을 가해 초등학생들을 포함해 수많은 행인을 죽이고 부상을 입혔다. 2018년에는 벵자맹 에르망이 다브루아 대로(大路)에서 경찰 두 명과 청년 한 명을 살해한 뒤 경찰이 쏜 총에 맞아 사망했다. 이 사건들에 관해 나는 말하지 않을 것이다. 이 사건들은 우리의 기억 속에, 특히 희생자 유가족들의 기억 속에 아직도 생생하게 남아 있어서 누구나 쉽게 눈치챌 수 있기 때문이다.

그렇다, 나는 법의학자가 실무에서 맞닥뜨리는 일상적인 사건들을 모든 측면에서 있는 그대로 소개하기로 결심했다. 그것들이 사건 유형, 그리고 우리가 학문적인 정의를 실현하기 위해 이끌어 내는 발견의 측면에서 전문가로서 하는 일을 대표하기 때문이다. 따라서 나는 풍부한 상상력을 발휘해서 시도한 자살, 사고로 위장한 살인, 형사재판에서의 열띤 논쟁, 혹은 매우 특이한 사고 현장을, 이 직업이 요구하는 모든 존중을 부여하면서 동시에 거리를 유지하며 다룰 것이다.

또한 나는 이 이야기들을 비통한 어조로 하지 않기로 결심했다. 죽음은 당사자에게는 극적이지 않으며, 죽음을 직업으로 삼고 있는 사람들에게도 극적이지 않다. 내가 조사하는 모든 사람이 그런 직업의 대상이고, 그들은 유족이 나에게 면담을 요청할 때 대화의 주제가 된다. 이것이 내가 고인을 부검하기 전에 유족을 만나지 않으려고 하는 이유다. 부검을 마친 후에, 유족이 원하고 판사가 허락하는 경우에만 나는 유족을 만난다.

법의학은 슬픈 직업이 아니다. 이 책에 실린, 실제 사건에 기반한 이야기들을 읽어 보면 알 수 있을 것이다. 우리는 살아 있는 사람을 존중하듯 고인을 존중하며, 나 역시 항상 그런 마음으로 고인을 대하고 부검해서 사망 원인을 찾으려고 한다. 그러니 때때로 내가 유머러스한 어조로 이야기해도 놀라지 않길 바란다. 결코 존중이 부족해서 그런 것이 아니다. 우리가 웃게 된다면 그것은 죽음과 죽음을 둘러싼 상황 때문이지, 결코 고인 때문은 아니다.

마지막으로, 이 책에 소개된 모든 이야기는 그 법의학적 검증들이 실제라는 점에서 진실이지만, 단순한 법의학 보고서보다는 더 즐겁게 읽을 수 있도록 허구를 가미했다. 이야기 중 내가 모르는 부분은 맥락에 따라 만들어 내기도 했고 이름도 가명을 썼다. 하지만 나머지 내용은 모두 사실이며 꾸며 낸 것은 아무것도 없다. 현실은 그 자체로서 충분하기 때문에 그럴 필요가 없다. 여러분도 알게 되겠지만, 살인하고 자살하고 시체를 숨길 때 인간의 상상력은 막힘 없이 발휘된다.

1

어떻게 법의학자가 되었는가?

　이것이 내 머릿속에 떠오르는 첫 번째 질문이다. 의심의 여지 없이 지난 30년 동안 일하면서 내가 가장 많이 받은 질문이기도 하다. 어떻게 해서 법의학자가 되었나요? 여러분에게 분명히 말한다. 내가 어느 날 아침에 일어나 갑자기 법의학자가 되어야겠다고 생각한 것은 아니다. 그 선택은 다른 모든 사람과 마찬가지로 — 궁극적으로 법의학은 다른 직업들과 (거의) 같으므로 — 오랜 숙고와 만남들, 그리고 이런저런 영감의 결과였다.

　모든 것이 가능한 나이인 18세에, 나는 사제가 되고 싶었다. 나는 가톨릭 가정에서 자랐고 가톨릭교도였으며 매주 토요일과 일요일에 미사를 드렸다. 성당에서 독송(讀誦)을 하고, 본당 신부

님과 함께 성찬을 분배하기도 했다. 그 신부님은 엄격해 보이는 외모에 고운 마음씨를 가진 분이었다. 나는 예수회 신부님들로부터 중등 교육을 받았고, 장래 진로에 대해 고민했다. 성직에 많이 끌렸다. 나는 복음을 공부하고, 사람들을 만나고, 도움이 필요한 사람들을 돕는 것을 좋아했다. 그리고 준비가 되었다고 느꼈다.

수년 동안 나는 친구들과 함께 루르드[1]에 갔다. 그중에는 내가 열다섯 살 때부터 친분을 유지해 온 예수회 신부님도 있었다. 우리는 여름 방학 중 몇 주 동안 루르드 노트르담 신도회에서 봉사했다. 1983년 여름, 내가 수영장에서 열심히 봉사하고 있을 때, 우리 교구의 주교님이 그곳에 오셨다. 주교님은 강독을 마친 후 밖으로 나가셨고, 나는 그분을 따라가 나의 소명에 대해 말씀드렸다. 예상치 못했던 기회였다. 나는 루르드에 흐르는 가브강 가의 벤치에 주교님과 앉아 한 시간 가까이 이야기를 나누었다. 대화가 끝날 무렵 주교님은 나에게 먼저 대학 입학 자격을 갖춰 대학교에 지원서를 제출하고, 그 후에도 소명에 대한 마음에 변함이 없으면 다시 찾아오라고 말씀하셨다. 나는 그 대화에 정말로 만족했고, 주교님의 조언을 따르기로 했다.

그 대학교는 내가 사는 도시 리에주 중심부의 다소 어둡고 인상적인 커다란 건물에 자리 잡고 있었다. 그 학교 1학년에 입학

---

[1] 프랑스 남서부의 소도시. 가톨릭교회가 공식적으로 인정한 성모 발현지이다.

하려고 했으나 의학과 법학 사이에서 주저했다. 두 학문은 서로 매우 다르지만, 전반적으로 사람을 대상으로 하고 사람에게 일어나는 문제들을 해결해 준다는 공통점이 있었다. 나는 신입생 등록을 받는 대학 본부가 있는 층에 가기 위해 웅장한 계단을 올라갔다. 당시에는 신입생 등록이 수작업으로 이루어졌다. 컴퓨터가 있긴 했지만 오늘날과 같은 수준이 아니었고, 인터넷도 존재하지 않았으며, 전화기도 벽에 붙여 놓고 사용했다. 이렇게 말하니 마치 공룡이 된 기분이다. 나는 복도에 서서 한참 동안 망설였다. 법학인가, 의학인가? 동전 던지기는 너무 많이 해서 결과가 50 대 50이었고 전혀 도움이 되지 않았다. 한 시간을 주저한 끝에 마감 시간이 가까워졌고, 다음 날 다시 와 봐야 별다르지 않으리라는 걸 깨달은 나는 이렇게 하기로 결심했다. 법학이든 의학이든 다음에 와서 등록하는 학생을 따라 하기로. 의과 대학에 등록하려는 여학생과 법과 대학에 등록하려는 남학생이 왔다. 그들은 동시에 문 앞에 도착했다. 법과 대학에 등록하려는 남학생이 정중한 태도로 의과 대학에 등록하는 여학생에게 순서를 양보하는 바람에, 나는 의과 대학에 등록하게 되었다.

    수업도 교수님들도 흥미로웠다. 나는 과학을 접했다. 그리스-라틴 인문학을 공부한 나로서는 사실 준비가 되어 있지 않은 분야였다. 1학년이 끝나 갈 무렵 나는 리에주의 판 자윌런 주교님을 다시 만났고, 사제가 되려는 생각을 접었다고 털어놓았다. 주교님은 별로 놀라지 않았다. 그분 말씀에 따르면, 나에게는 진정한 믿음이 있다기보다는 믿음과는 좀 다른 지적 갈증이 있었기 때문이다. 그분의 말씀이 옳았지만, 내가 그것을 깨닫기까지는 몇 년이 더 걸렸다. 나는 반교권주의자는 전혀 아닌 무신론자가 되었고, 내 친구들 중에는 '오푸스 데이'[2] 소속이거나 성직을 박탈당한 사제가 여전히 몇 명 있었다. 나는 믿음을 계속 유지하지 못한 것을 후회한다. 희망은 너무나 아름다운 것이니 말이다!

의학 공부를 계속하던 나는 국소해부학, 즉 해부 분야의 학생 조교가 되었다. 4년 동안 그 일을 수행했으며 그 경험을 통해 인체 해부학에 관한 매우 심층적인 지식을 습득할 수 있었다. 당시에는 알지 못했지만, 그 지식은 훗날 나에게 매우 유용하게 쓰였다. 이 기간 동안 나는 동료 학생과 함께 피세트 교수의 광배근 피부 이식 연구에 참여했다. 나중에 뛰어난 신경외과 의사가 된 그 동료 학생이 혈관과 거기서 갈라져 나오는 다양한 모세혈관들을 시각화하는 기술을 개발했지만, 그것을 위해서는 엑스레이 장치가 필요했다. 도움을 받을 수 있는 가장 가까운 분야가 법의학이었고, 그것이 내가 처음 법의학 연구소(Institut médico-légal, IML)와 접촉하게 된 계기였다. 나는 부검 기술에 흥미를 느꼈고, 앙드

---

2 에스파냐인 신부 호세마리아 에스크리바가 1928년 로마 교황청의 승인을 받고 창설한 가톨릭 성직자들의 자치단체. 오푸스 데이(Opus Dei)는 '하느님의 사업' 또는 '신의 사역'을 뜻하는 라틴어다.

레 교수에게 부검에 참여해도 되는지 물었다. 그것은 법의학 인턴 과정의 일부로만 수행 가능한 일이었으며, 법의학 인턴 과정은 의과대학 학생이 선택할 수 있는 모든 인턴 과정 중 하나였다. 그래서 나는 법의학 인턴 과정을 시작했다. 인턴 과정이 끝날 때 앙드레 교수와 그의 후임인 브라히 교수가 조수 자리를 제안했지만 거절했다. 나는 일반의가 되고 싶었다.

의학 공부를 마치니 군 복무가 기다리고 있었다. 피할 도리가 없었으므로 기쁜 마음으로 받아들였고, 좋은 경험이 될 수 있다고 생각했다. 나는 벨기에에서 군 복무를 할 수 있는 법적 우선권이 없었기 때문에 독일에 주둔하는 벨기에군에서 1년간 복무하게 되었다. 헨트에서 한 달간 군사 훈련을 받은 후, 독일 베를의 제3포병대대에 배치되었다. 1년 동안 그곳에 머물며 모든 이동과 작전에 참여했다. 그것은 크레타섬에 두 번 가고 헬리콥터 알루에트 2호를 타고 여러 번 비행했다는 뜻이다. 그러나 가장 흥미로운 것은 군인들뿐만 아니라 그들의 가족까지도 돌볼 수 있다는 점이었다. 갑자기 1500명의 사람이 나의 잠재적 환자가 되었다. 민간에서라면 그렇게 많은 환자를 보고 그에 따른 경험을 쌓기까지 수년이 걸린다. 군대에서 나는 매우 행복했다. 그 시절은 내 인생에서 무척 아름다운 시기였다. 복무를 마치고 전역할 때는 꽤나 섭섭했다.

순식간에 무미건조하고 퍽퍽한 민간인 생활로 돌아갔다. 나는 일반 진료소를 열었고, 두 주 후 내 인생을 바꿔 놓을 전화 한 통을 받았다. 조르주 브라히 교수가 미래에 대해 이야기 좀 나누자며 나를 점심 식사에 초대했다. 우리는 며칠 후인 1991년 10월 8일 법의학 연구소 근처의 '랑트르코트(L'Entrecôte)'³ 레스토랑에서 만났다. 적어도 식당 이름은 잘 선택한 것 같았다. 조르주는 자신이 외우고 있다시피 한 메뉴판을 열심히 들여다보며 나를 기다리고 있었다. 나는 여전히 일반 의학을 포기하고 싶지 않았고, 그와 이야기한 뒤 파트타임으로 법의학 일을 하기로 결론 내렸다. 그리고 10월 9일부터 법의학 독립 조수가 되었다.

그렇게 2년 동안 일반 의학을 수행하면서 신체 상해 평가 교육을 받고 법의학을 배웠다. 그런데 두 가지 일을 동시에 하기가 매우 어려워졌다. 일반 의학을 수행하려면 변화하는 상황에 대한 대처 능력을 갖춰야 하며 그것은 법의학의 경우도 마찬가지다. 게다가 법의학 훈련 과정이 따로 없었던 당시에는 법의학자로서 계속 훈련받으려면 범죄학 석사 학위를 취득해야 했다. 이런 연유로 나는 어렵지만 꼭 필요한 선택을 해야 했고 법의학을 선택했으며, 그것은 내가 능력을 꽃피울 수 있는 진정한 열정의 대상이 되었다. 법의학은 비록 나의 첫 선택은 아니었지만 가장 중요한 선택이 되었고, 나는 그 선택을 결코 후회하지 않는다.

---

3 'entrecôte'는 프랑스어로 '등심'이라는 뜻이다.

2

범죄 현장

그것들의 영향력은 무시할 수 없다. 2000년대부터 그것들이 텔레비전 화면과 우리의 일상을 가득 채우고 있다. 우리 아이들은 그런 시리즈물과 함께 성장했고, 그것들이 범죄학과 법의학에 대한 많은 관심을 촉발한 것도 사실이다. 하지만 이 주제를 더 깊이 다루기 전에, 먼저 '실제로' 일이 어떤 식으로 일어나는지 설명하고, 둘째로는 지나치게 널리 퍼져 있는 공상적인 개념들에 종지부를 찍고자 한다.

요즘 사람들은 '범죄 현장 조사(Crime Scene Investigation)'의 약어인 CSI를 잘 알고 있다. 범죄 현장 조사는 범죄학에서 DNA 추적이 증거의 여왕이 된 후 전 세계적으로 널리 발전한 새로운 분야로, 이것에 관한 법률을 제정한 국가도 있다. 그 법률을 통해

DNA 사용을 규제하고 범죄 현장도 규제한다.

현대 범죄학에는 세 가지 원칙이 적용되며, 그 목적은 두 가지다. 범죄를 저지른 당사자를 식별하고, 그가 범죄를 저지른 방식을 식별하는 것이다. 범죄학의 첫째 원칙은 '로카르의 원칙'이다. 의사이자 변호사였던 에드몽 로카르(1877~1966년)는 1910년 프랑스 리옹에 세계 최초의 과학 수사 연구소를 설립했다. 아마도 그는 인터폴이 같은 도시에 사무소를 세운 것을 염두에 두었을 것이다. 로카르의 원칙은 다음 한 문장으로 요약된다. '모든 접촉은 흔적을 남긴다.' 이 천재 법의학자는 DNA가 아직 발견되지 않았고 현대적 수사 기술이 존재하지 않던 시대에, 개인이 물건이나 사람과 접촉할 때마다 주변에 흔적을 남긴다는 사실을 파악하는 통찰력을 갖고 있었던 것이다.

범인이 피해자의 몸에 남긴 의류 섬유나 머리카락 한 올도 수사의 진전에 도움이 될 수 있지만, 미국의 시리즈물에서처럼 단순히 그런 흔적만으로 모든 것이 해결되지는 않는다. 현실에서 그런 식으로 사건이 해결되는 경우는 거의 없다. 30년 동안 내가 경험한 사건들 중 그런 경우는 세 건뿐이었다. 연구소에서 조사해 보고하는 사항들이 수사를 진행하는 데 유용하게 활용되는 경우가 많다. 그러나 범인을 꼼짝 못 하게 하는 것은 결국 수사다.

범죄 현장에서 흔적을 찾아야 할 필요성이 커짐에 따라, 사법 경찰의 연구소 인력이 전문화되었다. 연구소 인력은 기술 담당 경찰의 일원이며, 그들은 '범죄 현장의 기술자들', 더 간단히 말하면 '연구원들'이다. 이 기술자들은 범죄 현장에서 발견된 단서, 즉 우리가 '흔적'이라고 부르는 것들을 식별하고 채취하고 보존하도록 특별한 교육을 받는다.

관련된 사항과 단서들을 최대한 많이 채취하려면, 범죄가 일어난 장소를 체계적으로 보존할 필요가 있었다. 이렇게 해서 '범죄 현장(scène de crime)'이라는 용어가 생겼는데, 영어로는 '크라임 신(Crime Scene)'이다. 그런데 여기에는 오해의 여지가 있을 수 있다. 왜냐하면 영어에서 'crime'이라는 단어는 '중범죄'보다는 '경범죄'를 의미하기 때문이다. 고의적인 살인은 중범죄에 해당한다. 그리고 우리가 '범죄 현장'이라고 말할 때, 그 범죄에는 살인 사건뿐만 아니라 그보다 경미한 도난 사건이나 사고도 포함된다. 어쨌든 범죄 현장의 원칙은 모든 범죄가 일어난 모든 장소에 적용된다.

각각의 범죄 현장에는 고유의 특성이 있지만, 그럼에도 불구하고 공통된 패턴이 존재한다. 범죄가 일어난 장소 또는 시체가 발견된 장소를 우리는 '사법적 배제 구역'이라고 부른다. 다른 용어로 정의할 수도 있지만, 이 용어가 가장 자주 사용된다. 그곳은 시체가 있는 방일 수도 있고, 야외라면 면적이 수 제곱미터에 달한다. 기술자들은 섬유질이 떨어져 나가 현장에 섞여 들어가지 않게 해 주는 유명한 타이벡(Tyvek)[4] 작업복을 입고 범죄 현장에 들어간다. 섬유질은 중립적이며 사람의 몸 전체를 덮고 있다. 여기에는 하루 평균 100가닥씩 빠지는 머리카락도 포함되는데, 머리카락에는 그 주인을 공식적으로 식별해 주는 귀중한 DNA가 들어 있다. 그러니 범죄 현장이 오염되면 어떤 일이 일어나겠는가? 기술자들은 자신의 지문이 남지 않도록 장갑을 끼고, DNA가 담긴 타액이 분산되지 않도록 마스크를 착용하고, 신발 바닥에서 나오는 온갖 물질이 현장 바닥에 쌓이는 것을 방지하고 현장에 있는 물질이 신발 바닥에 들러붙어 밖으로 유출되지 않도록 커버를 착용한다. 현장의 그 무엇도 교란되지 않게끔 최대한 중립적인 상태를 유지해야 한다. 연구소의 허가를 받지 않고는 아무도 이 구역에 들어갈 수 없다.

　　이 구역 주위에는 '격리 구역'이라고 불리는 두 번째 구역이 있다. 사건의 모든 관계자, 즉 경찰, 치안판사, 전문가 들은 범죄 현장에 들어가기 전에 일단 이곳에 머무른다. 치안판사가 1차 정보를 접수하고 수사의 첫 단계를 결정하는 보안 구역이기도 하다. 바로 여기서부터 수사가 시작된다. 이 두 번째 구역 주위에 있는 세 번째이자 마지막 구역이 '억제 구역'으로, 피해자 지원 서비스나 수사관, 이웃, 언론, 구경꾼 들의 도움을 받기 전 여기서 고인의 물건이나 지인들을 찾아낸다.

4　　미국 듀폰 사에서 개발한 친환경 신소재. 고밀도 폴리에틸렌 섬유로 가볍고 불에 잘 타지 않아 다양한 산업 분야에 사용된다.

시리즈물 속에서 배우들은 번쩍거리는 자동차를 타고 멋진 모델처럼 돌아다니지만 현실은 좀 다르다. 어느 집에서 도난 사건이 발생했고, 경찰이 출동해 집에 파손된 곳이 많고 뒤진 흔적도 많다는 사실을 발견했다. 그러나 사건 발생 이후 집주인이 아무것도 건드리지 않고 현장을 훼손하지 않았기 때문에, 경찰은 범인이 남겼을지 모를 흔적을 찾아내기 위해 연구소에 연락했다. 그날 연구소의 당직은 내 친구 장로베르였다. 키 186센티미터, 체중 105킬로그램에 턱수염을 길렀고 언제나 미소를 짓고 있는 건장한 남자다. "아무것도 건드리지 마세요. 과학 수사 연구소에서 사람이 나올 겁니다." 경찰은 집주인에게 이렇게 말한 뒤 현장을 떠났다. '오, 그 「CSI 과학 수사대」에 나오는!' 집주인은 이렇게 생각하며 스스로를 위로했다. 자신이 영웅들을 만나게 될 거라고……. 장로베르가 연구소의 자동차 르노 캉구의 운전석에 탄 채 모습을 드러냈다. 그는 그 집 앞에 주차를 하려 했다. 그러자 그 부인이 서둘러 말했다. "안 돼요, 거기에 주차하시면 안 돼요. 과학 수사 연구소 분들이 주차해야 하거든요." 장로베르가 대꾸했다. "부인, 제가 바로 그 연구소에서 나온 사람입니다!" 그러자 그 부인은 무척 실망한 표정으로 이렇게 말했다. "맙소사, 환상이 깨지네요." 다행히 장로베르는 그 일의 충격에서 회복되었다.

　범죄학의 둘째 원칙은 벨기에의 수학자이자 통계학자인 아돌프 케틀레(1796~1874년)의 원칙이다. 이 원칙은 다음의 한 문장으로 요약된다. '모든 사물은 각각 고유하다.' 오늘날처럼 이런 생각이 얼마나 옳은지 확인해 주는 수단이 없었을 때, 케틀레는 이미 그런 확신을 갖고 있었다. 오늘날의 기술들을 사용하면 발사체를 가지고 그것이 발사된 무기를 놀라울 정도로 정확하게 찾아낼 수 있다. 족적으로 신발을, 머리카락으로 그 주인을, 기둥에 남은 자동차용 페인트의 흔적으로 자동차 모델을, 섬유질로 그것이 떨어져 나온 스웨터를, 지문으로 손가락의 주인을 찾아낼 수 있다. 그리고 이런 흔적들을 추적하는 과정에는 그런 유형의 추적을 전문으로 하는 사람, 즉 전문가가 존재한다.

이 증거물 전문가들을 범죄 현장 기술자들과 혼동하면 안 된다. 시리즈물에 나오는 것과 달리, 때때로 한 사람이 이 두 가지 일을 모두 수행하기도 하지만 그것은 일반적이지 않다. 합성 섬유, 동물성 섬유, 식물성 섬유, 자동차 헤드라이트 전구, 자동차용 페인트, 압연 가공, 화재, IT, 탄도학, 족적, 가루 성분 추적, 흙 성분 추적, 독성학, 지문, 법의학 등 모든 분야의 전문가들이 존재한다. 사실 어떤 주제든, 심지어 가장 상상하기 힘든 주제라도 과학적 전문 지식의 주제가 될 수 있다. 나는 우산 전문가도 만나 보았다. 이 전문가들은 '과학 경찰'이라고 불리는 직업군을 형성한다. 비록 그들 중에 진짜 경찰은 거의 없지만 말이다.

내가 전문으로 하는 법의학은 범죄학의 한 분야로 '피해자는 어떻게 사망했는가?' 그리고 '언제 사망했는가?'라는 두 가지 질문에 답하면서 범인 조사와 그의 범행 방식 조사에 참여한다.

범죄학의 셋째 원칙은, 이와 관련해서 언급할 저명한 인물을 찾아내지는 못했지만, 다음과 같이 요약된다. '한번 흐트러지면 돌이킬 수 없다.' 흔적은 흐트러지기 쉽다. 머리카락이나 섬유질이 날아가고, 지문, 혈흔은 지워진다. 기술자들이 존재하는 것은 범죄 현장의 이런 모든 단서를 보호하기 위해서다.

그렇다면 우리가 본 시리즈물들은 어디가 잘못되었을까?

우선 복장에 관해 이야기해 보자. 시리즈물 속의 범죄 현장에서는 아무도 현장 오염을 방지하는 데 반드시 필요한 보호복을 착용하지 않는다. 벨기에에서 그렇듯이 프랑스에서도 보호 장비 없이 현장을 조사하는 것은 직업상의 규칙을 위반하는 행위이다. 기술자들이 현장에서 착용하는, 상하의가 붙어 있는 자루 같은 작업복이 시리즈물에 등장하지 않는 것은 아마 그다지 섹시하지 않고 영화적이지도 않아서일 것이다.

우리가 접하는 시리즈물에는 다른 오류들도 여기저기서 드러나는데, 나 같은 전문가의 눈으로 볼 때는 우열을 가리기 힘들 정도로 하나같이 엉뚱하다. 이를테면 나는 어떤 시리즈물에서 목제 보철구에 출혈이 일어나는 장면을 보았다. 그러니까 그것은 세계 최초의 혈관을 지닌 목제 보철구였다! 다른 시리즈물에서는 두개골이 골절된 형태가 타격을 가하는 데 사용한 물체의 모양과 완벽하게 일치했다. 마치 그 물체가 피해자의 두개골에 그대로 자국을 남긴 것처럼 말이다. 현실에서는 있을 수 없는 일이다. 또 다른 시리즈물에서는 시신이 액체 속에서 부패하는 과정이 재현되었는데, 신체가 부풀어 오르는 대신 얼굴의 피부가 벗겨지는 모습으로 표현되었다. 마지막으로 어떤 시리즈물에서는 한 소녀가 샴페인이 담긴 수반에 빠져 죽는데, 수반 안에서 소녀의 콘택트렌즈가 발견되고, 거기서 DNA를 추출해 낸다. 하지만 인간의 세포가 알코올 성분 속에 잠기면 상태에 변화가 일어나기 때문에 DNA 추출은 불가능하다.

아직 끝나지 않았다. 시리즈물에서는 항상 매우 깨끗한 건물 안에서 시체가 발견된다. 가정집인 경우 특히 더 그렇다. 마치 그곳에서 발견되는 흔적은 모두 살인과 관련이 있다는 것을 확신시킬 목적으로 살인 전에 깨끗이 청소라도 한 것 같다. 사실 모든 흔적이 항상 살인과 관련이 있다. 그러나 현실에서 살인 현장을 방문하면 상상도 못 할 정도로 더러운 상태인 경우가 많다. 얼마나 많은 사람들이 쓰레기장 같은 곳에 살고 있는지 알게 되면 여러분은 깜짝 놀랄 것이다! 파상풍 예방 접종을 받는 편이 좋을 정도다.

20년 전에는 시리즈물 관계자들이 무엇이든 할 수 있었다. 그러나 각 분야의 전문가들이 존재하는 오늘날에는 다행스럽게도 그런 경우가 적어졌다. 나는 이렇게 말하고 싶다. "우리는 평소에 하는 일만 잘한다." 그럼에도 실수할 수 있다.

시리즈물에 나오는 기술들은 대부분 수족관의 유리 같은 매끈하고 판판한 곳에 시아노아크릴레이트(순간접착제)를 뿌린 뒤 사진을 찍고 디지털 파일로 만들어 지문을 채취하는 방식 같은 것들이다. 실제로 우리는 중간 크기의 물체들에는 그런 방식으로 작업한다. 지문 채취 덕분에 엄청난 수의 신원 확인이 이루어지는 것은 항상 놀랍다. 국민 전체의 지문이 국가에 등록되어 있을 것 같지만 프랑스나 벨기에의 경우 그렇지 않다.

시리즈물에서는 모든 수사가 범인이 남긴 흔적을 통해 해결된다. 그러나 이런 증명은 지나치게 상상에 뿌리를 두기 때문에 미국의 일부 배심원들은 범죄 현장에서 범인의 DNA가 발견되지 않았다는 이유로 유죄 인정을 거부하기도 했다. DNA가 없으면 범인도 없다는 것이다. 문제는 현실이 허구와 반드시 일치하는 것도 아니고 범죄 현장에서 매번 흔적이 발견되는 것도 아니라는 점이다. 흔적을 통해 수사하는 방식을 극단적으로 밀어붙일 경우, 흔적이 없으면 범죄도 성립되지 않는다고 생각하게 된다.

마지막으로 시리즈물은 (인물을 더욱 매력적으로 보이게 하려는 의도겠지만) 종종 사건에서 느끼는 감정 때문에 어려움을 겪는 전문가들을 등장시킨다. 그러나 증거물 전문가는 중립적이어야 하며, 그런 태도가 각 분야의 전문성을 보장해 준다. 중립적인 태도를 유지하려면 감정을 통제할 줄 알아야 한다. 아무런 감정도 느끼지 말아야 한다는 말이 아니라, 감정에 휩쓸려서는 안 된다는 뜻이다. 그런데 아동 부검의 경우에는 그러기가 쉽지 않다!

    결론적으로, 그런 시리즈물은 본래의 특성을 알고 오락물로만 시청해야 한다. 사실 그런 시리즈물은 어떤 주장도 표명한 적이 없다. 세부 사항들을 이야기했으니, 이제 범죄 현장으로 여러분을 초대한다. 장비가 잘 갖춰졌고, 여러분도 충분히 이해했을 것이다.

3

살아 있는 시신

"여보세요, 박사님? 시신을 좀 보러 가시면 좋겠습니다. 의심스러운 점은 없지만, 확실히 해 두기 위해 박사님을 파견하고 싶어요."

요즘 적어도 리에주 지역에서는 사람이 폭력으로 사망한 모든 경우, 즉 거의 모든 살인과 자살 사건에 법의학자를 파견해 조사하게 하고 있다. 이런 시스템은 자칫 묻혀 버릴 수 있는 살인 사건을 발견하게 해 주기 때문에 효과적이다. 하지만 사람이 집에서 혼자 사망하는 경우도 있다. 오늘날 대부분의 지역에서 법의학자는 타인에 의한 사망이 의심되는 경우, 즉 사망에 제삼자의 개입이 의심되는 경우에만 호출된다. 이런 시스템에서는 감춰진 살인 사건을 발견하게 될 가능성이 없다. 다시 말해, 발견되지 않는 살인 사건이 있을 수 있다는 뜻이다.

검사의 호출을 받았을 경우, 법의학자들은 교통의 흐름을 방해하지 않는 한 주차 금지 구역에 주차해도 되는 이점을 누린다. 일반적으로 우리가 도착하면 경찰은 기뻐하면서 쓸데없이 연장하고 싶지 않은 오랜 기다림에 종지부를 찍는다. 때로는 도시의 교통 체증 탓에 우리의 도착이 오랫동안 지연된다. 우리의 개입이 응급 상황에서 구급차의 도착처럼 급박하지 않은 것도 사실이다. 몇 년 전 법의학자들이 출동할 때 파란색 불빛을 깜박이고 사이렌을 울릴 수 있게 해 달라고 당국에 요청했지만, 교통부는 죽은 사람을 조사하는 것은 응급 상황이 아니라는 이유로 거부했다. 그건 사실이긴 하지만, 그로 인해 우리의 개입 지연 시간이 그만큼 더 길어졌다.

고인의 주소지 근처에 도착하면 나는 집 주소를 찾지 않고 경찰차부터 찾는다. 보통 시신이 발견된 집 바로 앞에 경찰차가 주차되어 있기 때문이다. 그날 나는 10층 건물 앞에 차를 세웠다. 내가 도착하니 약간 스트레스를 받은 경찰이 매우 초조한 표정으로 말했다. "빨리 올라가 보세요. 그 사람이 아직 살아 있습니다."

"뭐라고요?"

나는 이렇게 되물은 후, 지성과 상식을 총동원해 어떤 상황일지 상상해 보았다.

"그 사람이 살아 있습니다. 저는 구급차를 기다리고 있고요.

곧 도착할 겁니다. 빨리 올라가 보세요."

나는 좀 더 빨리 올라가기 위해 계단을 이용했는데, 2층에 도착하고 보니 어느 층으로 가야 할지 알 수가 없었다. 열려 있는 문이 보인 순간, 어쨌든 거기라고 확신했다. 3층이었다. 한 남자가 경찰 두 명에게 둘러싸인 채 바닥에 누워 있었다. 나는 모두에게 인사한 뒤, 바닥에 누워 있는 사람(베르나르라고 부르겠다.)에게 이렇게 바닥에 누워 무엇을 하느냐고 물었다. 그는 넘어진 뒤 일어나지 못했다고 대답했다. 베르나르와의 대화가 시작되었다. 나는 그가 왜 넘어졌는지 알아내려고 노력했다. 그에게 어디가 아픈지, 언제부터 여기에 누워 있었는지, 자주 이렇게 넘어지는지 물었고, 베르나르는 아무 데도 아프지 않고 고관절 전치환술을 받은 후 처음 넘어진 거라고 나에게 설명했다. 하지만 그는 자신이 언제부터 거기에 누워 있었는지 알지 못했다. 나는 그의 고관절 삽입물이 탈구되어 그로 인해 그가 몸의 균형을 잡지 못하고 넘어졌을 거라고 추론했다.

바닥에 우편물들이 널려 있었다. 그것이 그가 이틀 전부터 거기서 일어나지 못하고 있었음을 알려 주었다. 나는 방 안을 둘러보았고, 바닥 곳곳에 널려 있는 또 다른 '시신'들을 놓치지 않을 수 있었다. 그것들은 베르나르가 저렴한 브랜드 맥주의 열렬한 애호가라는 사실을 증명했다.

내가 이런 사실들을 확인하는 동안 구조대원들이 도착했고,

그들은 내가 와 있는 걸 보고 놀랐다. 보통은 그들이 나보다 먼저 도착하니 말이다. 나는 그들에게 내가 발견한 사실들을 이야기하고, 베르나르가 최장 이틀 동안 여기에 누워 있었던 것 같다고 말했다. 그건 중요한 사실이었다. 차가운 타일 바닥에 누워 있던 탓에 저체온증이 생겨 체온이 내려가고 거기에 더해 크러시 증후군(crush syndrome)이 발생할 위험이 있음을 고려해야 하니 말이다. 크러시 증후군은 혈액 순환이 제대로 되지 않아 피부 조직이 오랫동안 산소를 공급받지 못했을 때 발생하는 병리 현상이다. 베르나르처럼 너무 오랜 시간 같은 자세로 누워 있을 때 일어난다.

구조대원들이 베르나르를 데려가기로 했고, 내 임무는 시작되기도 전에 끝났다. 참고로 베르나르는 앞으로 몇 년 더 살 수 있을 것이다. 베르나르가 구급차에 실린 뒤, 나는 경찰에게 어떻게 된 일인지 설명해 달라고 요청했다. 그들은 '전화를 받지 않는 사람'이 있어서 출동을 요청받았다고 했다. '전화를 받지 않는 사람'은 베르나르처럼 혼자 사는 사람에게서 생활 반응이 없어 우려스러운 상황에 사용되는 고전적인 용어다. 경찰이 출동해서 문을 강제로 개방했고, 베르나르가 의식을 잃고 쓰러져 있는 것을 발견했다. 그들이 그의 이름을 불렀지만 그는 대답하지 않았다. 이윽고 그들은 그의 몸 근처에 벌레 유충이 있는 걸 발견했다. 그것은 시신의 부패가 시작되었다는 신호이며 매우 논리적인 관찰이다. 경찰은 그 사실을 검사 대리에게 보고했고, 그래서 검사 대리가 나를 그곳으로 보낸 것이다.

내가 도착하기를 기다리는 동안, 경찰은 베르나르의 신원을 공식적으로 확인하려고 애썼다. 신원 확인은 필수적인 절차다. 그러기 위해 그들은 그의 신분증을 찾았지만 안타깝게도 방 안에 신분증은 보이지 않았고, 베르나르가 정장 재킷을 입고 있었는데, 재킷을 입은 사람들이 모두 그렇게 하듯 그들은 그가 재킷 안주머니에 신분증이 든 지갑을 넣어 두었을 거라고 생각했다. 베르나르는 바닥에 배를 댄 채 엎드려 있었고, 두 명의 경찰 중 더 대담한 사람이 바닥과 베르나르의 몸 사이로 손을 집어넣었다. 재킷 안주머니에 손을 넣어 거기서 지갑을 찾아 끄집어내려 했다. 바로 그때, '시신'이 그의 팔을 붙잡았다. 그때 경찰이 느꼈을 놀라움과 두려움을 상상해 보라! 심장이 약한 사람이라면 심근경색을 일으킬 만한 일이었다. 경찰들의 추론은 훌륭했다. 파리 애벌레가 실제로 있었다. 그러나 베르나르는 죽지 않았기 때문에 부패하지도 않았다. 그렇다면 애벌레들의 존재는 어떻게 설명할 수 있을까? 실제로 파리 유충이 생겨나는 두 가지 주요한 상황이 있다.

처음부터 이야기해 보자. 곤충, 특히 파리는 시체가 풍기는 냄새에 유인된다. 시체가 부패하면 각 단계마다 다른 냄새를 풍기고 그에 따라 시체에서는 다른 곤충들이 발견된다. 그 곤충들은 시체를 먹으러 오는지 아니면 청소 곤충을 먹으러 오는지에 따라 '네크로파주(nécrophage)' 또는 '네크로필(nécrophile)'이라고 불린다.

이들은 함께 시체 곤충군 또는 곤충 동물군을 형성하며, 이것을 연구하는 학문을 '법의곤충학'(또는 '법곤충학': forensic entomology)이라고 부른다.

사망 후 몇 시간이 지나면 시체에 곤충들이 나타난다. 이는 우리 인간들은 냄새를 맡지 못하지만 시체가 곤충을 유인하는 냄새를 매우 빠르게 풍기기 시작한다는 것을 의미한다. 시체에 가장 먼저 날아오는 곤충은 여러분도 알다시피 녹색, 파란색, 검은색 파리다. 검은색 파리는 Musca domestica, 녹색 파리는 Lucilia sericata, 청파리는 Calliphora vomitoria, 붉은뺨검정파리는 Calliphora vicina라는 학명을 가지고 있다. 때때로 이들은 거의 열려 있지 않은 창문을 통해 스며 나간 냄새에 이끌려 수십 킬로미터 떨어진 곳에서 날아온다. 그들이 우리에게 불러일으키는 혐오감이 어떻든 간에, 때때로 파리 덕분에 우리는 금세공인과 같은 정확성으로 고인의 사망 시각을 측정할 수 있다. 이에 대해서는 다음 장에서 더 살펴볼 것이다.

최초로 날아오는 파리들은 신체 조직을 상하게 하는 암모니아 분해에 유인된다. 베르나르는 바닥에 쓰러진 채로 소변을 보았고, 그 냄새에 이끌려 파리들이 알을 낳으러 왔다. 그래서 경찰들이 베르나르가 죽었고 이미 부패가 시작되었다고 생각한 것이다.

파리는 여러 용도로 쓰인다. 파리들 중 일부는 식용이 가능하고 단백질이 매우 풍부하며, 또 다른 파리들은 우수한 상처 세척제이다. 이들의 유충은 죽어서 괴사한 조직만 섭취한다. 상처가 감염된 경우에도 그런 식으로 상처를 청소해 준다.

다음은 어느 아름다운 여름날에 내가 목격한 사건이다. 나는 침대에서 사망한 82세 아내의 시신 곁에서 함께 생활한 어느 신사의 매우 특별한 사건에 파견 요청을 받았다. 그는 매일 밤 아내의 시신 옆에 누워 잠을 잤다. 경찰은 그녀를 발견하고는 그녀가 사망했다고 생각했고, 사망 사실을 확인하기 위해 의사를 불렀다. 상황이 매우 특수했기 때문에 치안판사가 나를 호출했다. 조사하면서 나는 그 여성이 사망의 일반적인 징후를 전혀 보이지 않고, 따라서 죽지 않았다는 것을 금세 알아차렸다. 그래서 응급 구조대에 도움을 청했고, 응급 구조대는 빠르게 현장에 도착했다. 우리는 상황을 함께 평가하고 그녀를 옮길 경우 사망할 위험이 있는지 확인했다. 그녀는 의식 수준이 매우 낮았고, 수분이 절대적으로 부족했으며, 몸을 만지면 통증을 느끼고 얼굴을 찡그렸다.

축축한 곳, 즉 피부가 닿고 땀이 밴 곳뿐만 아니라 그녀의 소변이 퍼진 곳에도 파리가 와서 알을 낳았고 그것들이 유충이 되었다. 그 노부인은 보살핌을 받지 못했고 침대에서 일어날 힘이 없던 탓에 침대에 누운 채로 소변을 보았던 것이다. 그리고 유충의 존재 때문에 경찰과 의사 모두 그녀가 죽었다고 생각했다. 그런 상태가 얼마나 오래 지속되었는지 정확히 말하기는 어렵지만, 유충의 크기로 볼 때 적어도 일주일은 지난 것 같았다.

그 노부인이 몸을 움직이지 못했기 때문에 등의 피부 조직이 산소 부족으로 괴사하고 침윤된 후 체액이 흘러나오면서 욕창이 생겼다. 욕창이 생긴 부위를 닦아 내니 피부 조직의 괴사가 계속 진행 중이고 유충들이 그것을 무척이나 즐기는 모습을 관찰할 수 있었다. 등의 상태가 어떤지 보기 위해 내가 그녀의 몸을 들어 올렸는데, 특히 괴사가 너무 많이 진행되어 피부가 완전히 사라지고 흉곽의 형태가 부분적으로 드러난 것을 보고 무척 놀랐다.

내가 몸을 부드럽게 들어 올렸을 때, 그녀는 아직 의식이 어느 정도 있다는 것을 증명하는 고통의 신음 소리를 냈다. 응급 구조대는 그녀를 진정시킨 뒤 병원으로 데려갔고, 병원에서 그녀는 의식을 회복하지 못한 채 얼마 지나지 않아 사망했다.

그녀의 남편은 요양원에 들어가 기력을 회복하겠지만, 탈수 증세에 빠져 치매에 가까운 상태가 된 탓에 아내가 사망한 일을 기억하지 못할 터였다.

"안녕하세요, 박사님? ○○에 가서 고인을 좀 조사해 보시겠습니까? 특별한 경우라서요." 검사 대리는 다급한 듯했고, 무척이나 정신없는 기색이었다. 무엇이 그렇게 특별한지 나에게 설명할 시간조차 없었으니 말이다. 현장에 도착한 나는 장의사에서 고인의 집 입구에 장례용 휘장을 이미 설치해 놓은 것을 보고 놀랐다. 경찰이 나에게 와서 무슨 일이 있었는지 설명했고, 나는 그들이 빠르게 움직였다고 생각했다. 내가 직접 경험하지 않았다면 믿지 못했을 정도로 상상하기 힘든 이야기였다.

뤼세트는 85세의 나이로 자연사했다. 사람들은 나에게 그것이 '아름다운 죽음'이라고 말했는데, 그 말은 항상 나를 웃게 만든다. 나는 아름다운 죽음이 존재한다고 생각하지 않기 때문이다. 의사가 사망을 확인하고 사망 진단서를 작성했다. 가족들은 시신을 처리할 장의사에게 연락해 시신을 염하고 옷을 입히게 한 뒤 관에 안치했다. 관은 뤼세트의 집 테이블 위에 놓였다. 같은 날 조문이 시작되었고, 그녀의 이웃이자 초등학교 때부터 평생의 친구인 자닌이 세상을 떠난 친구에게 마지막 인사를 하려고 찾아왔다. 자닌이 관을 마주하고 있는데, 갑자기 뤼세트가 몸을 일으키고 말했다. "오, 자닌, 나를 보러 와 줘서 고마워!" 자닌은 심장마비로 쓰러졌다.

주치의와 장의사 직원들 모두가 사망했다고 생각했지만, 사실 뤼세트는 긴 강경증(強勁症, catalepsie)[5] 발작을 겪었던 것이다.

이 이야기는 일부 사람들이 느끼는 산 채로 매장되는 것에 대한 두려움을 상기시킨다. 빅토리아 시대(1837~1901년) 영국에서 이 두려움이 최고조에 달했다.

이런 두려움을 완화하고 상업적 관심도 끌기 위해, 일부 관

---

5 같은 자세를 오랫동안 취하는 긴장병성 혼미의 한 증상. 근육의 긴장 때문에 부자연스러운 자세를 유지하려고 한다.

제조업체에서는 내부에서 뚜껑을 열 수 있는 관을 만들거나 내부에서 줄을 조작해 작동할 수 있는 종을 관 외부에 장착하는 상상력을 보여 주었다. 묘지에 바람이 불면 여기저기서 종소리가 조그맣게 울려 꽤나 이상했을 것 같다.

이런 경우에 대해서는 많은 이야기가 돌고 있다. 파묘를 하고 보니 죽은 사람의 머리카락과 수염이 자라나 있었다는 이야기, 죽은 사람이 관 속에서 돌아누웠다는 이야기, 죽은 사람이 관 속에서 손톱으로 내벽을 긁었다는 이야기 등등. 이런 이야기들이 모두 거짓은 아니다. 실제로 사람이 사망할 때 모든 세포가 동시에 죽지는 않는다. 그래서 수염과 머리카락을 생성하는 세포가 계속 활동해 몇 밀리미터 더 자라기도 한다. 머리카락의 경우 머리털을 완전히 밀어 버린 사람을 제외하고는 그런 모습이 잘 보이지 않는 반면, 수염의 경우에는 말끔히 면도한 상태에서 묻힌 경우 완벽하게 눈에 띈다.

죽은 사람이 관 속에서 돌아눕는다는 것은 놀라운 일이다. 하지만 매장할 때, 특히 관을 옮길 때 관 속 시신의 자세가 달라지는 경우가 많다는 사실에 비추어 보면 이는 확실히 왜곡된 이야기이다. 나는 어린 시절 쿠앵트 교구에서 장례 미사를 드릴 때 복사로 참여한 경험이 있는데, 지하실에 시신을 안치할 때 좁은 문을 통과하기 위해 장의사 직원들이 관을 옆으로 기울여야 하는 경우가 있었다. 관 내벽이 고인의 손톱에 긁힌 것은 한 번도 본 적이 없다. 그건 그냥 도시 전설일 것이다.

마지막으로 하고 싶은 말은 안심하라는 것이다. 사람이 산 채로 묻히면 15분 이상 생존하지 못한다. 신체 기관이 살아 있으려면 산소(O_2)가 필요하다. 그런데 1.5미터 깊이의 땅속에 묻힌 관과 같은 밀폐된 공간에서는 공기가 순환하거나 재생되지 못한다. 사망은 탄소 중독에 의해 일어난다. 신체가 O_2를 전부 소비하고 스스로 내뱉은 CO_2(이산화탄소)의 비율이 매우 높아져 잠이 들었다가 심정지로 사망하는 것이다. 분명히 말하지만, 이때쯤 되면 묘지를 떠날 시간, 마지막으로 경의를 표하러 온 이들과 인사할 시간, 그리고 생존의 시간은 이미 지난 것이다.

2019년 10월 12일, 아일랜드의 한 작은 지역 묘지에서 일어난 일이다. 추운 날이지만 햇살이 가득하다. 셰이의 관이 묘혈 바닥에 놓여 있고, 그의 목소리가 들린다. "나 좀 내보내 줘!(Let me out!)" 사람들이 잠시 놀라고, 이내 웃음이 터진다. 늘 쾌활하던 셰이가 마지막 농담을 한 것이다.

위의 장면은 동영상으로 촬영되었고, 인터넷에 셰이 브래들리(Shay Bradley)의 이름을 검색하면 쉽게 찾을 수 있다. "죽음이 우리에게 미소 짓기 전에 우리가 죽음에게 미소 지어야 한다." 셰이는 죽음이 그를 데려간 뒤에도 죽음을 향해 미소 짓는 멋진 활약을 펼쳤다![6]

6   셰이 브래들리는 사람들이 자신의 장례식에서 눈물을 흘리지 않고 웃기를 바랐다. 그래서 지병으로 세상을 떠나기 1년 전 아들과의 식사 자리에서 테이블을 두드리는 소리와 관에서 내보내 달라고 외치는 소리를 직접 녹음했다. 1년 뒤 그가 사망하자 유족이 묘지에서 그 소리를 재생해 조문객들을 웃게 만들었다.

4

살인인 줄 알았는데

필리프는 마리라는 예쁜 아가씨의 행복한 아버지였다. 그는 마리 외에 다른 자녀가 없었으며 아내와는 여러 해 전에 헤어졌다. 그때부터 그는 딸 마리가 격주로 일주일간 함께 지내러 올 때를 제외하고는 아파트에서 혼자 살았다. 이제 마리는 성인이 되었고, 그래서 부모의 이혼 당시 가정법원 판사가 내린 판결에 따른 그런 생활을 더 이상 하지 않아도 되었다. 하지만 마리는 계속 그렇게 했다.

마리는 스무 살이고 남자아이들은 그녀에게 관심이 많았지만, 그녀에게는 남자아이들을 멀리하고 낙담하게 만드는 온갖 요령이 있었다. 단 한 명, 막스만이 그녀에게 접근하는 데 성공해 그녀의 남자 친구가 되었지만 관계가 오래가지는 못했다. 막스는 매우 친절하고 세심하고 정중하고 강압적이지 않은 성격이었으며, 막스를 소개했을 때 마리의 아버지 필리프는 매우 기뻐했다. 심지어 그 만남을 축하하기 위해 아끼던 술병까지 땄다.

사실 필리프는 두려워했다고 말해야 할 것이다. 그는 '자연을 거스르는 행동을 하는 타락한 사람들'이라며 동성애자들을 싫어했다. '동성애가 자연스럽지 않다는 증거는 동물들 사이에는 동성애가 없다는 것이다……. 우리는 그들을, 그 환자들을, 그 변태들을 치료해야 한다.' 여기서 장황하게 주워섬길 의도는 없지만, 이것이 익히 알려져 있는 동성애 반대자들의 주장이다. 그러나 마리는 자신이 여자를 좋아한다는 걸 알고 있었다. 오래전부터 그런 성향을 느꼈고 계속 억눌러 왔지만, 이제는 사실을 인정해야 했다. 그녀는 동성애자였고, 그녀의 첫 연애는 그 사실을 가장 분명한 방식으로 확인해 주었다.

마리는 아멜리를 그냥 친구로 아버지에게 소개했다. 필리프는 환영의 의미로 평소처럼 독설을 내뱉었다. "아, 그렇다면 네가 레즈비언은 아니라는 이야기구나. 천만다행이다. 내 딸은 절대 남자 친구를 데려오지 않거든. 그래서 얘가 여자아이를 데려오면 걱정이 돼." 그러고는 통상적이고 진부한 이야기를 늘어놓았다.

시간이 흘러 마리와 아멜리의 관계가 발전하고 그들이 사랑에 빠졌다는 사실이 확연히 드러났다. 필리프가 그것을 알아차렸고, 그와 마리 사이에 폭력적인 논쟁이 벌어졌다. 그 논쟁은 두 젊은 여성들에게 타격을 주었다. 아버지가 자신의 인생을 망치고 있다고 생각한 마리는 더 이상 참지 못하고 아버지와 연을 끊기로 결심했다. 어느 날 밤, 마리는 아멜리에게 말하지 않고 아버지 집을 찾아갔다. 불이 모두 꺼져 있었고, 필리프는 분명 잠든 것 같았다. 마리는 조심스럽게, 소리 내지 않고 집 안으로 들어가 보안 장치를 끄고 아버지의 총이 보관된 서랍장이 있는 거실로 갔다.

필리프는 그 총을 그녀에게 여러 번 보여 주었다. '부뉼들(Bougnoules)'[7]이 그와 딸을 공격하거나 집에 들어오려고 할 경우, 그 무기를 사용해 스스로를 방어해야 했다. 필리프는 사격장에 갔다가 돌아오면 그 9밀리미터 권총을 정기적으로 청소했다. 그는 사격 솜씨가 나쁘지 않았고⋯⋯ 마리도 마찬가지였다. 마리는 자주 아버지와 함께 사격장에 가서 사격 연습을 했고 총기 취급법도 잘 알고 있었다. 필리프는 그것을 자랑스럽게 여겼고, "인생에서 스스로를 방어할 줄 알아야 한다. 세상 모든 사람이 무기를 소지해야 해." 같은 말을 딸에게 하곤 했다.

무기가 거기서 희생자를 기다리고 있었고, 마리는 그걸 알았다. 마리는 무기를 손에 쥐고 안전장치를 밀어내 발사 준비 상태로 만든 뒤, 소리 내지 않고 아버지 방으로 들어가 어둠 속에서 침대 위에 사람의 몸뚱이가, 아버지가 있는 것을 확인했다. 그리고

---

7 아랍이나 북아프리카 사람들을 비하해서 부르는 말.

탄창 안의 총알들을 그의 몸에 비워 냈다. 모두 열세 발이었다. 그런 다음 총을 침대 위에 놓고 도망쳤다.

다음 날 아침, 검사 대리로부터 전화가 왔다. "안녕하세요, 박 사님? ○○에 가 보실 수 있을까요. 어떤 남자가 총에 맞아 사망했습니다. 오늘 아침 가정부가 집에 와서 그가 죽어 있는 걸 발견했어요." 그곳에 가 보니, 연구소 직원들이 작업을 마치고 수사판사를 기다리고 있었다. 나는 1차 검증을 하기 위해 집 안으로 들어갔다.

지난 30년 동안 나는 항상 같은 방식으로 일해 왔다. 검증용 가방을 입구의 연구소 직원들 옆, 즉 안전한 곳에 놓아둔 뒤, 지문이 남지 않도록 손을 주머니에 넣고 현장을 돌아다닌다. 고인이 남긴 메모, 혈흔을 비롯한 다양한 흔적 등 고인의 건강 상태에 관해 알려 줄 수 있는 요소들을 찾는다. 시신이 있는 방을 조사해 무엇이든 흥미로운 점들을 살펴본 뒤, 방의 온도를 측정한다. 난방장치가 켜져 있는지, 창문이 열려 있는지 등 온도와 관련된 사항을 확인한다. 시신이 있는 곳의 온도는 사망 시각을 추정하는 데 기본적인 근거가 되기 때문이다.

그런 다음에야 시신에 접근해 아무것도 건드리지 않고 보이는 모습 자체를 조사한다. 시신의 위치, 시신이 무언가에 덮여 있는지, 시신이 있는 곳의 높이, 덮개의 유형, 즉 시트인지 솜이불인지, 재질은 무엇인지, 몇 겹인지, 덮개에 체액이 분비된 흔적이 있는지 등등 모든 것을 기록한다. 필리프의 시신은 다리를 웅크린

좌측 와위를 취하고 있었다. 좌측 와위란 왼쪽으로 누워 있는 자세를 뜻하는 용어다. 가장 흔한 수면 자세인 태아 자세다. 얼굴은 방문 쪽을 향하고 있었고, 시트와 얇은 담요 한 장이 목까지 덮여 있었다. 담요와 시트를 걷어 시신이 드러나게 했다. 고인은 합성 섬유 소재의 잠옷 차림이었다.

"박사님, 어떻게 생각하시나요?" 리에주 최초의 여성 수사판사 중 한 사람의 목소리였다. 그녀가 이미 방에 와 있었지만 나는 미처 그녀를 보지 못했다. "사망했습니다." 나는 이렇게 대답하고 잠시 틈을 두었다. 예상에서 빗나간 답변을 듣고 약간 놀라는 반응을 얻기 위해 나는 그렇게 하는 것을 좋아한다. 하지만 그 수사판사는 오래전부터 나를 알아 왔고 내가 일하는 방식을 알고 있었기 때문에 미소를 지으며 다음 말을 기다렸다. 나는 이어서 말했다. "제가 판사님에게 말씀드릴 수 있는 건 이게 전부예요. 아직 제대로 조사하지는 않았지만, 총이 사용됐다고 추론할 수 있을 만큼 발사체에 의한 충격의 흔적이 보입니다."

그 후 수사판사가 탄도학 전문가 에두아르 통뵈르에게 연락하라고 지시하는 동안, 나는 사망 시각을 추정하기 위해 시신의 체온을 측정했다.

은퇴한 형사 반장 장 자마르의 후임인 에두아르 통뵈르는 내가 아는 두 번째 탄도학 전문가다. 그는 국립 제작소(Fabrique Nationale, FN) 출신의 연금 수급자이다. 현역 시절 국립 제작소의 세

일즈맨으로 일하면서, 리에주 근처 에르스탈에 본사를 둔 벨기에 최대 총기 생산 공장인 FN에르스탈이 생산한 무기를 무기 판매에 유리한 라틴아메리카에 팔기 위해 뚜렷한 방향성을 가지고 전 세계를 돌아다녔다. 그렇게 소모사 독재 치하의 니카라과에 체류하면서 소모사와 우호적인 무역 관계를 유지하다가, 1979년 7월 19일 산디니스타 군대가 소모사 체제를 전복하고 게릴라전이 일어나자 그 나라를 떠났다. 그가 다리에 기관총 난사를 당한 것도 라틴아메리카의 어느 나라에서였다. 그는 그 사고에서 회복했지만, 날씨가 궂으면 여전히 통증을 느낀다. 생명을 앗아갈 수도 있었던 사고의 흔한 후유증이다. 에두아르는 매우 풍요로운 삶을 살았다. 그와 함께 검증을 마친 뒤 기억에 남을 식사를 함께 하면서 그의 추억 이야기를 듣는 것은 언제나 즐거운 일이다.

내 최초의 추정에 따르면 필리프는 오후 11시경에 사망했는데, 이는 문제가 되었다. 보안 장치 프로그램에는 오전 2시 30분에 보안이 해제되었다고 표시되어 있었기 때문이다. 더 심도 있는 평가를 하기 위해서는 사망자의 체중을 알아야 했고, 그래서 부검실에서 시신의 무게를 측정했다. 제삼자가 들어와 보안 장치를 해제한 것이 분명해 보여서 부검을 실시하기로 했다.

게다가 가정부가 평소 필리프는 보안 장치 켜는 것을 잊는 법이 없을 정도로 체계적인 사람인데 아침에 자신이 도착했을 때 보안 장치가 꺼져 있어서 놀랐다고 했다. 그녀의 진술에 따르면 보안 장치의 암호를 아는 사람은 필리프와 그녀 자신 말고는 단 한 사람, 마리뿐이었다. 그리고 어디에서도 마리를 찾을 수 없었다.

오전 11시쯤 부검실에서 시신의 체중을 측정하고 부검을 시작했다. 부검은 항상 동일한 매뉴얼에 따라 완전하고 체계적인 방식으로 진행된다. 예를 들어 발사체가 두개골을 통과했음이 겉으로 보이는 경우에도 몸 전체를 부검한다. 어떤 사람들은 시신을 존중해야 한다는 명목하에 사망 원인이 명백히 발사체의 두개골 통과인 경우 두개골 부분만 부검하기를 바란다. 그러나 피의자에게 형법을 제대로 적용하려면 매우 높은 수준의 확실성이 요구된다.

이 일을 해 오면서 나는 발사체가 두개골을 관통한 후에도 여전히 살아 있는 사람을 개인적으로 네 명 알게 되었다. 그중에는 두개골이 전두엽에서 후두엽으로 관통된, 총알이 정확히 두 개의 대뇌 반구 사이를 지나가면서 두개골 후두부를 가격한 중부 유럽의 한 장군도 있다. 의사들은 그의 두개골 안에 고무로 된 막을 넣어 주었다. 그는 뇌전증 발작을 앓고 있으며, 치명적일 수 있는 두부 외상을 피하기 위해 항상 헬멧을 착용해야 한다. 전쟁에서 총탄을 맞아도 반드시 죽는 것은 아니다. 이는 필연적으로 예외들이 존재함을 의미한다. 그리고 해당 사건이 예외인지 아닌지를 부검을 통해 밝히는 것이 나의 일이다.

사실 우리는 부검을 통해 사망 원인을 밝혀내야 할 뿐만 아니라, 그 원인 외에 다른 원인이 없음도 입증해야 한다. 그러므로 이 사건의 경우 발사체의 두개골 통과가 유일한 사망 원인임을 입증해야 했다. 왜 '~인지 입증해야 했다'가 아니라 '~임을 입증해야 했다'라고 하는가? 그렇게 말하는 것이 더 분명하고 정확하기 때문이다. 법의학자는 법률 전문가로서 중립을 지켜야 하고 부검 과정에서도 중립적인 태도를 유지해야 하기 때문에 '~임을'이라는 표현을 사용했다. 선입견을 가지고 일해서는 안 되며, 합리적이기만 하다면 모든 해석에 열린 마음을 가지고 흔적과 단서를 모두 받아들여야 한다.

또한 부검 과정은 절대적으로 귀납적이어야 한다. 즉 검사 결과를 내기 전에 먼저 시신의 표면과 내부에서 모든 흔적과 단서를 수집해야 한다. 이런 방식은 가설에서 출발해 그것의 적용 가능성을 확인하는 연역적 방식과 반대다. 연역적 방식을 사용하면 진짜 사망 원인을 놓치기 십상이다. 연역적 사고의 편견을 피하기 위해 항상 두 사람이 짝을 이루어 부검하며, 그럼으로써 대립되는 생각들을 모두 검증하게 된다. 조수들 중 한 명과 함께 부검할 때, 나는 교수로서 학생을 감독하는 것이 아니다. 두 명의 법의학자가 동등한 자질과 동등한 생각을 가지고 업무를 수행하는 것이다.

시신을 열어 보지 않는 것이 곧 고인에 대한 존중은 아니다. 시신을 열어 보는 것이 고인에 대한 모독이라는 생각은 교회가 시신 부검을 금지했던 중세 시대부터 시작되었다. 부검을 통해 인체 내부에 대해 잘 알게 되면 '그것이 어떻게 작동하는지' 알고 싶은 욕구가 필연적으로 생겨날 것이기 때문이었다. 그렇게 되면 생리학의 문이 열리고, 육체를 이끈다고 여겨져 온 영혼과 영혼이 발견되는 장소인 육체에 대해, 그리고 그 존재 자체에 대해 의문을 갖게 될 터였다. 이후 정확히 그런 일이 일어났지만, 그것은 또 다른 이야기이다! 고인에 대한 존중은 무엇보다 고인이 권리를 인정받도록 모든 일을 하는 것을 의미하며, 부검은 이를 결정짓는 요소다.

마리는 아버지로부터 사격을 잘 배웠다. 총알이 모두 필리프의 몸에 명중했고, 어떤 총알들은 몸을 관통했다. 그는 스트레스 상황이고 주위가 어두운 가운데서도 정확하게 쏘는 딸의 능력을 자랑스러워했을 것이다. 짧은 거리에서도 성과는 남는다.

최초의 구멍, 즉 등에 생긴 총알 구멍들을 검사하자마자 문제가 있다는 걸 깨달았다. 모든 총알 구멍에 사후 측면이 보였다. 다시 말해 그 총알 구멍들은 그가 사망한 후에 생긴 것으로 보였다. 우리는 시신의 상처가 피해자가 살아 있을 때 생긴 '중요한' 병변인지, 아니면 사후에, 즉 피해자가 이미 사망한 후에 생긴 것인지, 혹은 죽어 가는 동안 생긴 것인지 구별할 수 있다. 상처의 외형을 보고 그것을 식별할 수 있다.

사람이 사망하면 혈액이 동맥이나 모세혈관에서는 더 이상 발견되지 않고 정맥에서만 발견된다. 이것은 의학의 선구자 히포크라테스(BC 460년경~BC 377년경) 이후 의학의 아버지 갈레노스

(129년경~201년경) 때부터 알려진 사실이다. 갈레노스는 시체를 관찰해, 동맥에는 혈액이 없지만 정맥, 그리고 아직 알려지지 않은 모세혈관에는 혈액이 존재하는 것을 확인했다. 이 관찰에 따르면, 수 세기 동안 사람들은 혈액이 정맥에서 순환하고 공기는 동맥에서 순환하며, 동맥과 정맥 사이의 교환은 심장에서, 그러니까 심장 왼쪽과 오른쪽을 분리하는 심장 내벽의 작은 구멍들에서 일어난다고 생각했다. 오늘날 우리는 갈레노스가 사후의 혈액 분포를 발견한 것임을 알고 있다.

피부에 상처가 생기면 표층이라도 모세혈관이 손상되어 피가 나온다. 그러나 죽은 사람의 피부를 절개하면 모세혈관이 비어 있기 때문에 피가 나오지 않는다. 이것이 미묘한 차이를 만든다. 미묘하지만 얼마나 큰 차이인가!

나는 혼란스러웠다. 등에 생긴 상처들이 사후 측면을 보이고 있었다. 이는 정상적이지 않았다. 서둘러 시신을 뒤집어 몸에 생긴 다른 상처들을 확인했다. 발사체 하나가 흉곽으로 들어가 심장을 관통했고 혈액이 조금 흘러나온 것을 확인할 수 있었다. 몸 앞쪽의 상처도 사후에 생긴 것들이었다. 그래서 나는 다른 사망 원인을 찾기로 했고, 두개골을 열어 본 뒤 그것을 찾아낼 수 있었다.

먼저 석고 톱으로 두개골을 제거한 다음, 뇌막 중 가장 바깥에 있고 가장 강하며 뇌를 봉투처럼 둘러싸고 있는 경막을 열었다. 경막과 뇌 사이의 이 공간에서 매우 큰 경막밑 출혈로 보이는 뇌출혈을 발견했다. 출혈의 원인은 윌리스 고리의 동맥류 파열이었다. 이 부분은 뇌에 혈액을 보내는 혈관들이 모두 만나 뇌의 여러 부분으로 혈액을 분배하는 중요한 교차로다. 이 부위는 매우 치명적인 동맥류의 근원지로 잘 알려져 있다. 이 동맥류가 파열해 뇌출혈로 사망하는 경우가 가장 많기 때문이다. 출혈은 뇌에 과도한 압력을 가하고, 두개골에는 신축성이 없기 때문에 뇌가 두개골 바닥에 있는 대후두공이라는 구멍으로 들어가고 척수를 통해 확장된다. 이렇듯 뇌출혈로 인한 과도한 압력으로 뇌가 뒤로 밀려나면 뇌의 이 구멍 주변이 압박을 받는다. 그러면 뇌의 일부가 손상되고 혈액이 더 이상 흐르지 못하며 뇌를 구성하는 뉴런이 죽는다.

문제는 생존에 특히 중요한 두 개의 '중심'인 세포 클러스터가 이곳에 위치한다는 것이다. 하나는 심장의 활동을 결정하고 다른 하나는 호흡 활동을 결정한다. 이 세포들이 압박을 받으면 더 이상 산소가 공급되지 않고, 호흡도 하지 못하며, 심장이 멈춰서 사망에 이르게 된다. 이 과정을 '두뇌 참여'라고 한다.

필리프에게 일어난 일이 바로 이것이었다. 시신으로 발견되었을 때 그가 취하고 있던 수면 자세를 고려할 때, 아마도 그가 잠을 자는 동안 동맥류 파열로 인해 뇌출혈이 일어났을 것이다. 그는 잠들어 있었기 때문에 자신에게 무슨 일이 일어나고 있는지 느끼지 못했고, 자신이 죽어 가고 있다는 사실을 알아차릴 가능성이 조금도 없는 상태에서 사망한 것이다.

나는 종종 농담조로 이렇게 말하곤 한다. "그분은 자신이 죽은 걸 몰라요." 어떻게 보면 이성이 결여된 말이지만 내가 이 말을 하는 대상, 즉 고인의 유가족들에게는 종종 명확히 시사하는 바가 있다. 그들에게 이 말은 죽은 사람이 더 이상 아무것도 모르거나 뇌 활동의 결과인 의식이 파괴되었기 때문에 자신이 죽는다는 것을 의식하지 못했고 고통도 받지 않았다는 걸 의미한다.

또한 여기에는 고인의 사망 시각과 보안 장치가 해제된 시각 사이의 차이에 대한 해답이 있다. 나는 필리프가 오후 11시경에 사망했다고 판단했고, 보안 장치는 오전 2시 30분경에 해제되었다. 그러니까 마리가 아버지를 총으로 쐈을 때, 그는 이미 사망하고 세 시간도 더 지난 후였다.

근심거리는 여전히 남아 있었다. 마리가 총을 쐈을 때 필리프가 이미 죽어 있었다면, 마리는 그를 죽이지 않은 셈이다. 따라서 그녀는 살인 혐의로 기소될 수 없었다. 총알이 심장을 관통했으므로, 만약 총을 맞은 당시에 그가 살아 있었다면 분명히 그를 죽인 것이었겠지만 말이다. 다시 말해 마리는 살인할 의도는 있었을지언정, 그리고 그 의도를 달성하기 위해 매우 적절한 수단을 사용했지언정, 살인자는 아니었다.

마리는 운이 매우 좋았다. 앞으로 그녀가 그 운을 잘 활용하길 바란다.

5

죽은 딸의 전화 목소리

　법의학자의 일상적인 업무는 고인의 사망 원인을 밝히고 그것이 제삼자의 개입에 의한 것인지 검증하고, 사망 시각을 추정하는 것뿐만 아니라 고인의 신원을 확인하는 일도 포함된다. 고인의 신원 확인을 위해 우리는 경찰, 신분증, 고인의 주소지 등 온갖 정보를 동원한다. 대부분의 경우 신원 확인에 오류가 생기지는 않지만 때때로 오류가 발생하는 경우가 있고, 그래서 해당 사건이 널리 알려지기도 한다.

　나는 신원이 밝혀지지 않은 익사한 남자의 시신을 3년 넘게 냉동실에 보관해 둔 적이 있다. 신원 확인에 필요한 모든 사항을 수집하고 식별에 유용한 샘플도 모두 채취했다. 그러나 신원이 특정되지 않았고, 3년이 지나자 별다른 도리가 없어서 검사는 그를

X라는 이름으로, 즉 신원 불명의 시신으로 매장하도록 허가했다.

자크는 '길고 고통스러운 병'(10년 넘게 그녀를 갉아먹은 '암'이라는 단어를 입에 올리지 않기 위해 사용한 완곡한 표현)으로 아내 프랑수아즈를 저세상으로 떠나보낸 후 딸 모린과 단둘이 살았다. 마지막 나날에 프랑수아즈가 겪은 심한 고통 때문에 그녀가 세상을 떠나자 오히려 안도감이 들었다.

그들 부부는 늦은 나이에 우발적인 사고처럼 모린을 낳았다. 젊은 시절 아이를 가지려고 여러 차례 노력했지만 성공하지 못했다. 불행하게도 유산을 거듭했고, 의사들은 해결책을 찾지 못했다. 그들은 슬퍼했다. 그러다 폐경기가 다가왔을 때 다소 늦은 하늘의 선물로 모린을 갖게 되었고, 행복한 마음으로 그 선물을 받았다.

프랑수아즈는 모린의 방학이 시작될 무렵인 초여름에 세상을 떠났다. 어머니의 장례식을 마친 모린은 한동안 '발길 닿는 대로' 다니며 바람을 좀 쐬고 싶었고, 배낭을 꾸리며 아버지에게 그렇게 말했다. 모린은 아무것도 두려워하지 않고 특히 공격받는 것도 무서워하지 않는 대담한 소녀였다. 히치하이킹을 좋아해서, 이미 혼자서 또는 오랜 친구인 산드라와 함께 히치하이킹으로 프랑스와 이탈리아 전역을 여행한 경험이 있었다. 이번에는 산드라가 같이 갈 형편이 안 되었다. 하지만 아무래도 상관없었다. 모린은 혼자 떠났다. 그럴 필요가 있었다.

모린은 17세 소녀로, 심신이 건강했지만 키는 158센티미터 정도로 조금 작은 편이었다. 또 몸매 관리에 매우 신경을 써서 날씬했다. 본인은 결코 좋아하지 않는 연갈색의 긴 곱슬머리, 작고 예쁜 얼굴에 표정이 매우 풍부한 파란 눈을 갖고 있었다. 고등학생이고, 장래 희망은 의사였다.

집을 떠나 있던 석 주 동안 모린은 아버지에게 아무런 소식도 전하지 않았고, 그래서 자크는 걱정하지 않을 수 없었다. 모린이 그렇게 오랫동안 연락하지 않은 적은 없었기 때문이다. 요즘에는 많은 청소년들이 식사를 포함해 휴가 중 자신이 하는 모든 일을 SNS에 올리지만, 모린은 그런 유행을 따르지 않았다. 친구 한 명이 SNS에서 괴롭힘을 당해 열네 살이라는 나이에 자살을 기도했기 때문에, 모린은 SNS에 사생활을 드러내지 않으려 했다. 다른 친구들처럼 그 일로 큰 충격을 받았고, 그래서 SNS와 거리를 두기로 결심했다. 휴대 전화를 가지고 있었지만, 전화 걸 때 외에는 거의 사용하지 않았다. 자크는 자신이 전화해도 딸이 전화를 받지 않는데 왜 전화 요금을 내 줘야 하는지 답답해했다. 청소년 자녀를 둔 부모들이 매우 흔하게 겪는 이런 일은 그 자녀들이 하루 종일 휴대 전화에 눈을 고정하고 있는 만큼 더욱 놀랍다. 선택적 청각 장애라도 앓고 있는지, 이에 대한 청소년들의 대답은 모두 똑같다. "못 들었어요."

모린은 출발하고 며칠 뒤에 전화를 걸어 와 리옹이라고 했다. 언제 돌아올지는 아직 모르고 며칠 동안 함께할 젊은 사람들을 몇 명 만났다고 했다.

자크는 매우 걱정했다. 걱정은 날이 갈수록 커졌다. 딸에게 전화를 걸어 보았지만 이제 통화 연결음조차 울리지 않았고 즉시 음성 사서함으로 넘어갔다. 음성 사서함에는 매일 확인하지 않은 메시지가 넘쳐 났다. 자크는 경찰서에 가서 실종 신고를 했다. 당직자가 실종 신고를 받았다.

"혹시 따님이 가출한 겁니까, 선생님?"

"가출요? 아뇨, 아닙니다. 프랑스로 여행을 갔는데, 두 주가 넘도록 연락이 없어요."

"아, 요즘 젊은이들이…… 보세요, 선생님, 저도 그래요. 제 아들 녀석도……."

경찰은 딸을 찾고 싶어 하는 자크를 진정시키는 데 아무 도움도 되지 않는 이야기를 끝도 없이 늘어놓았다. "자, 이제 경보가 발효될 겁니다. 제가 BCS에 따님의 신상을 입력했어요. 소식이 들어오는 대로 알려 드리겠습니다. 좋은 하루 보내세요, 선생님." 이 말과 함께 자크는 경찰서에서 쫓겨났다. 자크는 BCS가 무엇인지 알지도 못했지만 그 경찰이 신속하게 행동에 나서기만을 바랐다. 경찰이 보인 태도와 행동으로 보아 헛수고를 한 것 같기도 했지만 말이다. BCS는 나라 전체를 포괄하는 경찰 애플리케이션인 '중앙 신고 게시판(Bulletin Central de Signalement)'이다. 모린의 실종 신고가 BCS에 올라갔다. 곧 소식이 들려올 터였다.

그날 아침 자크는 집에서 장 보러 갈 준비를 하고 있었다. 메흐디는 방금 경찰서에 출근한 참이었다. 모두가 꺼리는 임무를 전달하기 위해 동료들이 그를 간절히 기다리고 있었다. 메흐디는 항상 나쁜 소식을 전하는 사람으로 선택되었다. 동료들은 '그가 그것을 잘한다.'고 생각했다. 메흐디는 그들과 같은 비전을 가지고 있지는 않지만 팀에 가장 늦게 들어온 사람이었다. 팀의 막내이자 신입이므로 궂은일을 도맡아 했다. 오늘의 궂은일은 얼마 전 아내를 잃은 남자에게 딸이 죽었다는 소식을 전하는 것이었다. 메흐디는 주말을 즐겁게 보낸 것을 다행으로 여겼다. 그 기억에서 힘을 퍼 올려 이 어려운 하루를 시작할 수 있을 것이기 때문이었다.

초인종이 울렸을 때, 자크는 외출복 차림으로 장 볼 목록을 손에 들고 있었다. 제복을 입은 메흐디가 젊은 경찰 실습생을 동행하고 나타났다.

"안녕하세요, 혹시 자크 씨이신가요……?"

"네, 맞습니다."

이상하게도, 자크는 이 경찰들이 딸아이 때문에 찾아왔을 거라고는 생각하지 못하고, 자신이 무슨 잘못을 저질렀기에 경찰이 집에 들이닥쳤는지 궁금해했다. 교통 신호 위반 과태료 미납, 아니면 불법 주차. 그의 짐작으로는 교통 신호 위반 쪽일 가능성이 컸다. 교통 법규가 하도 많아서 가끔 자기도 모르게 위반하기도 하니 말이다.

"잠시 들어가도 될까요?"

"외출하려던 참이었습니다만, 들어와서 커피 한잔 하세요."

"아뇨, 괜찮습니다, 선생님. 말씀만으로도 고맙습니다. 실은 저희가 나쁜 소식을 전해 드리려고 합니다. 그러니 좀 앉으시면 어떨까요?"

자크는 앉았다. 그때까지도 그들이 프랑스에 간 딸의 죽음을 알리려고 찾아왔다고는 추호도 상상하지 못했다. 그것은 잔인하고 가혹한 소식이었다. 그런 소식을 알리는 좋은 방법은 존재하지 않는다. 어떤 소식들은 다른 소식들보다 덜 나쁠 뿐이다. 그 경찰들은 최대한 섬세한 태도로 임무를 수행했다. 그렇기는 해도 자크에게는 힘든 일이 더 남아 있었다.

그는 믿을 수가 없었다. 마치 악몽을 꾸는 것 같았다. 갑자기, 불과 몇 초 만에, 그의 삶이 무너져 버렸다. 그의 삶은 다시는 전과 같지 않을 터였다. 이미 너무나 가혹한 시련을 경험한 사람으로서 그는 자신에게 면제되는 것이 아무것도 없음을 깨달았다. 공평하지 않았다. 그는 악하게 살지 않았는데 말이다. 그러나 인생이란 공평하지 않다. 우리는 그러기를 바라지만, 우리가 한 선한 행동에 대해 보상받고 악한 행동에 대해서는 벌받기를 바라지만, 인생은 결코 공평한 적이 없다. 그것은 자연의 본성에 맞지 않는다. 무척이나 놀랐지만 자신에게 무슨 일이 일어났는지 아직 완전히 깨닫지 못한 자크는 어떻게 된 일이냐고 물었다. 메흐디는 그녀가 살해당했다고 대답했다. "모린이 살해당했다고요? 그건 말이 안 돼요. 그 애는 정말 상냥한 아이예요. 그런데 도대체 왜? 누구에게?" 메흐디는 이유를 알지 못했다. 아직 범인을 잡지 못했기 때문이다. "어떻게 살해됐는데요?" 상황이 너무나 비현실적으로 느껴져서 대답을 듣기가 두렵다는 감정조차 느끼지 못하며 자크가 다시 물었다. "목이 졸려서요." 메흐디가 대답했다. '혹시 강간을 당했나?' 하는 생각이 자크의 머릿속을 스쳤지만, 메흐디는 이 질문의 답을 알지 못했다.

"지금 그 애는 어디에 있나요?" 자크는 딸아이의 시신을 보고 싶었다. 메흐디는 시신이 그에게 인도될 테지만 이미 부패한 상태이기 때문에 알아볼 수는 없을 거라고 말했다. 딸이 죽었고 그것도 살해당했다는 사실을 동시에 알게 된 자크에게는 몹시 힘겨운 일이었다. 딸아이는 열흘 전에 사망했다고 했다. 더 자주 전화를 걸어야 했고, 더 고집을 부려야 했고, 더 끈질기게 연락을 시도해야 했다는 생각이 들었다. 하지만 그랬다 한들 무엇이 달라졌을까? 그랬어도 그 아이는 죽었을 것이다.

"언제쯤 볼 수 있을까요?"

"시신이 담긴 관을 말씀하시는 건가요?" 정보가 제대로 전달되었는지 확인하기 위해 메흐디가 되물었다.

"오늘 오후에 투르네에서 올 겁니다."

"투르네에서요? 하지만 그 애는 벨기에가 아니라 프랑스에 있었는데요."

"제가 말씀드릴 수 있는 건 이게 전부입니다. 더 이상은 알지 못합니다. 시신을 발견한 사람이 제가 아니니까요." 메흐디가 대답했다.

장례식에서 자크는 아내 프랑수아즈 때와 똑같은 관을 선택했다. 모린을 어머니 옆에 묻을 예정이었다. 자리가 하나 있었다. 그를 위해 예비된 자리였지만 모린을 위해 사용하기로 했다. 많은 사람이 조문을 왔다. 모린은 명랑하고 삶의 기쁨으로 충만해 매우 사랑받는 소녀였다. 조문객들로 터져 나갈 듯 붐빈 장례 미사에서 사람들은 감동적인 어조로 그녀를 칭찬했다.

매장이 끝난 후 조문객들이 커뮤니티홀에 차려진 음식 테이블 주위에 모였다. 그리고 오후가 저물 무렵, 자크는 이제 그야말로 텅 빈 집으로 돌아왔다. 기계적으로 텔레비전 앞에 앉아 뉴스를 켜고 산 사람들의 세상이 돌아가는 소식을 들었다. 옷을 갈아입을 용기, 아내의 장례식 때도 입었던 상복을 벗어 버릴 용기는 아직 없었다. 그때 전화벨이 울렸다. 자크의 집에 아직 유선 전화기가 있었다는 사실을 밝혀야겠다. 어린아이들의 눈에는 역사극에서 튀어나온 것처럼 보이는 전화기였다. 자크는 몸을 반쯤 일으키고 주저하다가 전화를 받지 않기로 했다. 최근 며칠 동안 너무 많은 일을 겪었기 때문에 마음의 평화를 얻고 싶었다. 그런 마음이 전해졌는지 전화기가 조용해졌다.

잠시 후 전화벨이 다시 울렸고, 결국 자크는 전화를 받기로 결심했다. 전화기는 그를 평화롭게 놓아둘 생각이 없어 보였다. 자크는 몸을 일으켰고, 약간 짜증을 내며 전화를 받았다.

"여보세요!"

"여보세요, 아빠? 나 돌아왔어요. 데리러 와 줄 수 있어요? 지금 역에 있어요."

모린이었다. 모린이 살아 있었다. 다행히도 자크에게는 심장병이 없었다. 하지만 자크가 느꼈을 놀라움을 상상해 보라. 그는 그에게 무슨 일이 일어났는지 딸아이가 이해할 때까지 바닥에 주저앉아 엉엉 울었다. 딸의 죽음을 슬퍼하는 눈물을 아직 흘리지 못한 그가 딸이 살아 있어서 울었다. 자크는 역에 가서 모린을 집으로 데려왔고, 그동안 무슨 일이 있었는지 이야기를 나누었다. 집을 떠나고 며칠 후 모린의 휴대폰이 망가졌고, 그래서 연락하지 못했다고 했다. 저녁에 자크는 문제가 발생할 경우에 대비해 자신의 휴대 전화 번호를 남긴 메흐디에게 이 사실을 알렸다. 문제가 생긴 건 아니지만, 알릴 가치가 충분히 있는 일이었다. 메흐디가 말했다. "그렇다면 우리는 도대체 누구를 매장한 겁니까?"

현실적으로 충분히 제기할 만한 질문이었다. 이 사건은 큰 파문을 일으켰고, 지역의 모든 신문에 실렸다. 텔레비전 방송국에서도 모린과 자크를 인터뷰하러 왔으며, 시신을 발견하고 사람들이 했던 짐작이 틀렸다는 사실에 모두 기뻐했다. 너그럽게도 자크는 누구도 원망하지 않았다. 오히려 자신에게 일어난 좋은 일과 자신이 되찾은 행복을 기뻐했으며, 아내가 세상을 떠난 뒤 느끼던 고통도 조금 지워 냈다.

"여보세요, 박사님? 문제가 생겼네요." 수사판사가 나에게 연락해 개입을 요청했다. 내 전임자가 시신의 신원 확인 과정에서 실수를 해 일을 처음부터 다시 해야 했다. 시신을 파내 다시 부검을 했다. 여성의 시신이 맞고, 키나 몸무게에 오류가 없고, 세부 설명에도 오류가 없고, 연령 추정에도 오류가 없었다. 아무 데도 오류가 없었다. 한편으로 생각해 보면, 신원 확인이 조금 성급하게 이루어져서 실수가 생긴 것 같았다. 부패 때문에 신원을 육안으로 확인할 수 없었던 건 사실이었다. 얼굴이 너무 많이 부패한 상태였다. 어쨌든 육안을 통한 식원 확인은 조심스럽다. 나도 몇 번 실수를 했으니 말이다.

한 여성이 아들의 시신을 확인하러 왔다. 그녀의 아들로 추정되는 시신을 보여 줬지만 그녀는 아들을 알아보지 못했다. 고인이 신분증을 휴대하고 있었고 얼굴도 그녀의 아들과 일치하는 것 같았기 때문에 나는 조금 놀랐다. 시신에 문신이 있어서 아들에게 문신이 있냐고 물었더니 그녀는 그렇다고 대답했다. 오른팔의 돌고래 문신이었는데 그녀 아들의 문신과 완벽하게 일치했다. 내가 그 문신을 보여 주자 그녀는 이건 돌고래가 아니라 물고기라면서 시신을 아들로 인정하기를 거부했다. 아들의 죽음을 받아들이기가 너무 고통스러웠는지 그 시신이 자기 아들임을 줄기차게 부인하는 바람에, 시신이 정말로 그가 맞는지 확인하기 위해 DNA 분석을 해야 했다.

반대로 딸의 시신을 확인하러 온 또 다른 여성을 만났는데, 안타깝게도 영안실 서랍에 라벨이 잘못 붙어 있어서 다른 시신, 즉 젊은 남성의 시신을 꺼내게 되었다. 그런데 그 여성은 그것이 자기 딸의 시신이라고 단번에 인정했다.

다시 파낸 소녀의 시신은 부패가 많이 진행되어 지문을 채취할 수 없었다. 아직 할 수 있고 정확한 결과를 가져다줄 유일한 방법은 치과 진료 기록 확인과 DNA 분석이었다. 같은 날 치과 의사가 와서 시신의 치아 상태를 살펴보았고, 나는 DNA 분석을 위한 샘플을 채취했다.

며칠 후, 치과 진료 기록을 통해 소녀의 신원을 공식적으로 확인할 수 있었다. DNA 분석 결과도 치과 진료 기록과 일치했다.

이는 오늘날 더 이상 일어나서는 안 되는 종류의 사건이다. 1987년에 조안 드 위니가 복잡한 사건에서 고인의 신원을 식별할 수 있도록 '재난 피해자 식별(Disaster Victim Identification, DVI)'이라는 특별 조직을 창설했으니 말이다. 이 조직은 수도에 본부를 둔 상설 연방 경찰과 해당 지역에 사건이 발생하는 즉시 활성화되는 지역 경찰로 구성된다.

이 식별 시스템은 매우 정교하며 다음과 같은 방식으로 작동한다. 사람이 실종되면 경찰은 실종자의 키, 몸무게, 머리색, 안경 착용 여부 등 신체적 특성을 모두 기록한 사전(死前) 조사표를 작성한다. 이 조사표에는 키, 몸무게, 체격, 머리색, 머리 길이, 안경 착용 여부, 흉터나 문신 유무, 귀걸이, 피어싱 등 실종자의 모든 외적 특징이 사진과 함께 수집된다. 특히 의료와 치과 기록도 포함된다.

치과 기록과 관련해서는 담당 치과 의사에게 연락해 실종자의 진료 기록과 치과 엑스레이 사진 파일을 제공받는다. 의료 영역에서도 담당 의사에게 연락해 진료 기록을 입수해서 환자가 앓고 있는 질병이나 평생 앓아 온 지병, 수술 여부, 보철구의 삽입 여부 등 모든 의료적 요소들을 수집한다. 보철구의 경우, 수술이 이루어진 병원에 문의해 환자의 몸속에 삽입한 보철구의 모델 번호를 알아낸다. 부담이 큰 작업이지만 실종자를 확인하는 데 매우 유용하다.

신원 불명의 시체가 발견되면 DVI를 통해 키, 몸무게, 체격, 머리색과 길이, 남성 시신의 경우 수염의 유무, 문신이나 흉터, 신체 절단 유무 등 인체 감식 데이터가 포함된 사후(死後) 조사표를 만든다. 그런 다음 시신을 엑스레이로 촬영해 사망 원인 또는 고인이 받은 공격과 관련될 수 있는 최근의 골절과 오래된 골절을 모두 확인한다. 일반적으로 최근에 생긴 골절에는 가골(假骨, 뼈의 흉터)이 형성되어 있다. 골절이 일어난 당시 엑스레이 사진이 있는 경우, 그것을 시신의 엑스레이 사진과 비교할 수 있다. 이것이 확실하고 공식적인 신원 확인을 보장해 주는 것은 아니지만 신원 확인에 기여하는 요소 중 하나임은 분명하다. 고인의 신원을 정확히 식별할 수 있도록 신원 확인용 파일에는 입수 가능한 모든 요소를 포함시키는 것이 좋다.

1870년 사법 사진이 출현하기 전까지 개인의 신원 식별은 항상 큰 문제였다. 사법 사진은 현대 범죄학에 기여한 세 가지 위대한 기술적 혁신 중 연대순으로 볼 때 첫 번째 혁신이었다.

이전 세기에 파리 경찰청 사무 직원이었던 알퐁스 베르티용(1853~1914년)이 키, 몸무게, 양쪽 눈 사이의 거리, 팔을 뻗은 상태에서 양쪽 상지(上肢) 끝 사이의 거리, 발 길이 등 수많은 측정치들로 구성된 인체 감식 기술을 발명했다. 그 전까지는 살아 있거나 죽은 사람의 신원을 식별할 때 성공률이 낮은 다양한 기술들을 조정하면서 사용했다. 베르티용은 두 사람 이상의 특정한 측정치가 동일하더라도 모든 사람의 측정치가 동일하지는 않을 것이므로 그 사람의 신원을 식별하게 해 준다는 생각을 기반으로 인체 감식 기술을 발명했다. 이후 범죄자들이 파리에서는 뒤퐁, 마르세유에서는 뒤랑이라고 자칭하며 다양한 이름으로 범죄를 저지르는 일이 없어졌다. 1832년 이후 낙인형(유죄가 입증된 범죄자의 신체 일부를 뜨거운 인두로 지져 자국을 남기는 형벌)이 금지되었으므로, 이 기술을 활용해 많은 재범자를 응징할 수 있었다. 1882년에서 1893년까지 베르티용은 자신이 발명한 기술 덕분에 5000명의 재범자를 식별할 수 있었고, 이후로 모든 과정이 순조롭게 진행되었다. 유죄 판결을 받은 모든 범죄자의 파일에 이 기술이 추가되었고, 1870년에 출현한 사법 사진에도 매우 잘 적용되었다. 그러나 베르티용의 방법에는 몇 가지 결점이 있었는데, 그중 가장 중요한 것은 범죄자가 현장에 자신의 인체 감식 데이터를 남기지 않으면 범인을 식별할 수 없다는 점이었다.

이런 맥락에서 현대 범죄학에 기여한 두 번째 혁신인 지문 감식 기술이 범행 현장에서 범인의 존재를 증명해 주면서 진정한 성공을 거두었다. 이 기술은 1826년부터 알려졌다. 영국의 수사관이었던 에드워드 헨리의 추진하에 런던 경찰국이 1897년부터 이 기술을 사용하기로 결정했고, 1901년에는 최초의 지문 파일이 만들어졌다.

프랑스에서 지문을 통한 최초의 신원 확인은 1902년에 이루어졌다. 셰퍼라는 남자가 포부르 생토노레의 치과 병원에 침입해 강도를 저질렀다. 그 과정에서 셰퍼는 치과 의사의 하인을 보고 놀라서 그를 살해하고 달아났다. 그러나 치과 병원의 가구 유리창에 지문을 남겼고, 경찰이 그것을 발견했다. 셰퍼는 사건의 용의자로 의심받았지만 범행을 부인했다. 그의 지문이 범죄 현장에서 발견된 지문과 대조되었고, 그 결과 그는 범행을 시인할 수밖에 없었다. 셰퍼는 프랑스에서 지문으로 신원이 식별된 최초의 범죄자였다.

그 후 1911년 8월 22일 루브르 박물관에서 「모나리자」가 도난당하면서 지문 감식 기술이 다시 한번 언론의 주목을 받았다. 루브르 박물관의 몇몇 전시관을 수리하고 보수하는 작업에서 다른 사람들과 함께 일했던 노동자 빈첸초 페루자가 낮 시간에 저지른 대담하기 짝이 없는 절도 사건이었다. 8월 21일, 이 남자는 박물관이 문을 닫는 기회를 틈타 그 그림을 액자에서 꺼내 훔쳐 갔다. 알퐁스 베르티용이 「모나리자」가 들어 있던 액자 유리에서 지문을 채취해 루브르 박물관 직원 257명의 지문과 대조했지만 성과가 없었다. 프랑스 전국이 심하게 요동쳤다. 이 사건을 담당할 수사판사가 임명되었다. 단순한 절도 사건에 수사판사가 임명되는 것은 매우 드물고 예외적인 일이었다. 파블로 피카소 같은 예술가들이 염려했고, 기욤 아폴리네르는 일주일 동안 감옥에 갇히기까지 했다.[8] 보상이 약속됐지만 헛일이었다. 수수께끼는 풀리

---

8 시인 기욤 아폴리네르(Guillaume Apollinaire, 1880~1918년)와 가까운 사이였던 벨기에 청년 제리 피에레가 장난삼아 루브르 박물관에서 조각상 몇 개를 훔쳐 일부를 피카소에게 팔고 일부는 아폴리네르의 아파트에 숨겨 두었다. 그러던 중 「모나리자」 도난 사건이 발생하자 피에레는 아폴리네르의 조언에 따라 신문사 《파리 주르날》의 편집장에게 장물을 전달했지만, 신문사는 그 사실을 폭로하며 루브르 박물관의 전시물 관리가 허술하다고 비난했다. 이에 피에레는 국외로 도피하고, 무국적자였던 아폴리네르는 「모나리자」 도난 사건에 연루되었으리라는

지 않았고, 「모나리자」는 2년 동안 파리 10구 로피탈생루이로(路)의 범인 집에 숨겨져 있었다. 그러는 동안 페루자는 경찰의 심문까지 받았다. 그러나 그의 집이 매우 초라해서 경찰은 그가 도둑일 리 없다고 생각했고, 그래서 집 수색조차 하지 않았다. 그의 집에 그림이 숨겨져 있었는데도 말이다. 1913년, 페루자는 그림을 팔아 보려고 피렌체로 가지고 갔다. 수준 높은 복제품으로 속여 피렌체의 골동품상에 판매하려 했다. 골동품상은 그 그림이 진품일지 모른다고 생각해 경찰에 알렸고, 페루자는 경찰에 쫓기다가 체포되었다. 그는 도난 사건에 대해 아무것도 모르며 자신이 가진 그림은 정말로 복제품이라고 주장했지만, 지문이 그를 꼼짝 못 하게 만들었다. 이후 그는 진술을 바꾸어, 자신은 순수한 애국심에서 「모나리자」를 원래 주인이었던 나라로 돌려보내려 한 거라고 스스로를 변호했다. 레오나르도 다빈치가 죽기 1년 전인 1518년에 프랑스 왕 프랑수아 1세가 그에게서 그 그림을 구입했다는 사실을 몰랐음이 틀림없다. 그때의 판매 가격은 일부 역사가들의 추정에 따르면 금화로 4000에퀴(현재 가치로는 160만 유로 이상)였다. 페루자는 1년 15일의 징역형을 선고받았다. 애국심 덕분에 감형됐을 가능성이 크며, 그나마 형기를 다 마치지도 않았다. 「모나리자」는 이탈리아 순회를 성공적으로 마치고 1914년 1월 4일 루브

의심을 받고 투옥되었다.

르 박물관으로 돌아왔다.

시신 이야기로 돌아가자. 우리는 사망 원인을 찾기 위해서뿐만 아니라, 수술 흔적 등 고인의 신원 확인에 필요한 모든 사항을 수집하기 위해 부검을 실시한다. 담낭이 제자리에 있는가? 심장이 우회되었는가? 갑상선이 전체 또는 일부 남아 있는가? 우리는 모든 골절 치료 흔적과 골 접합술을 시행할 때 장착한 보철구도 찾는다. 어떤 경우에는 보철구에 당사자를 식별하게 해 주는 모델 번호가 있다. 보철구 제조사에 연락해 모델 번호를 알려 주면 제조사는 그 보철구를 어느 병원에 판매했는지 알려 줄 수 있으며, 병원에서는 그것을 누구에게 장착했는지 알려 줄 것이다.

치과 의사는 부검 중에 개입해 파노라마 엑스레이, 즉 구강 전체에 대한 엑스레이 촬영을 실시한 다음 치과 기록을 작성하고, 누락된 치아나 보철구 등이 있는지 확인한다. 그리고 실종되었다고 여겨지는 사람들의 치과 파일과 비교할 파일을 만든다.

부검할 때 우리는 DNA 분석을 위해 혈액이나 근육 샘플을 채취한다. 현대 범죄학의 세 번째 주요 기술인 DNA 분석은 범죄학에서 '증거의 여왕'이 되었다. 이 기술 덕분에 발명자인 알렉 제프리스가 전 세계적으로 인정을 받았다. 1983년과 1986년 영국 레스터셔에서 15세의 두 소녀 린다 맨과 던 애시워스가 강간당하고 살해된 사건에서 모든 것이 시작되었다. 수사에 진척이 없었고, 1987년 알렉 제프리스가 개입해 2년 전에 발표된 그의 혁신적인 기술을 이 사건의 수사에 사용했다. 지적 장애가 있는 한 남자가 살해 혐의로 기소되었지만 두 사건 중 한 건에 대해서만 범행을 인정했고, 나중에는 이 기술 덕분에 무죄를 선고받았다. 당시 그 지역에 사는 남성 5000명이 '유전자 배열 검사'를 받았지만, 성폭행범이 남긴 정자의 유전자와 일치하는 사람을 찾지 못했다. 1987년 8월 1일, 한 여성이 경찰서에 찾아와 방금 술집에서 들은 내용을 신고했고, 수사는 다시 중단되었다. 술집에서 한 남자가 해당 강간 사건들의 수사를 위한 유전자 배열 검사에 자신의 혈액을 대신 제공한 대가로 친구 콜린 피치포크로부터 200파운드를 받았다고 자랑했다는 것이었다. 그렇게 해서 콜린 피치포크는 체포되었다. 그는 당시 '유전자 배열 검사'로 불렸던 조사 방법에 근거해 유죄 판결을 받은 최초의 범인이었다. 그 이후로 DNA 분석 기술은 많이 발전하고 정교해졌으며, 정확성과 뛰어난 감도를 획득했다. 제프리스가 처음 이 기술을 발명했을 때는 유전자 배열을 작성하는 데 수 세제곱센티미터의 혈액이 필요했지만, 오늘날에는 세포 몇 개만으로 충분하다.

사람의 신원을 확인하는 데 다른 기술들을 사용할 수도 있지만, 가장 중요한 기술 몇 가지에 대해서는 꼭 이야기하고 싶었다. 범죄학의 진화는 여전히 진행 중이며, 그 진화가 앞으로도 우리를 놀라게 하리라 믿어 의심치 않는다.

6

부패와 파묘

　사후에 인체의 변화는 세 가지 경로를 따른다. 주 경로는 부패이고, 이보다 드문 다른 두 경로는 미라화와 비누화(에스테르가 가수 분해 되어 비누가 생성되는 반응)다.
　우리가 죽으면 우리의 몸은 더 이상 에너지를 생산하지 않고 자가 분해라고 불리는 것을 유발해 세포가 죽게 된다. 세포 유지를 위해 필요한 에너지가 부족해져 세포가 죽는다. 신체 기관의 세포들이 모두 동시에 죽는 것은 아니다. 어떤 세포들은 산소 결핍에 대해 더 큰 저항력을 갖고 있기 때문이다. 가장 먼저 죽는 세포는 신경계 세포, 특히 뇌세포와 심장 세포다.
　그러고 나면 부패가 일어난다. 부패는 주로 우리의 장에 서식하는 부패성 박테리아 때문에 일어난다. 사람이 사망하면 이 박테리아들은 더 이상 장 내부에 갇혀 있지 않고 장 내벽을 넘어 결장(대장)이 복벽과 맞닿아 있는 하복부 오른쪽에서 먼저 피부에 다다른다. 사망 후 24시간에서 48시간 사이에 이곳에 녹색 반점이 생기고, 그것이 점점 퍼져 마침내 피부 전체가 녹검색으로 변하는 것을 볼 수 있다.

동시에 이 박테리아들은 신체 기관의 조직을 부풀게 하고, 부패 가스를 유발해 금방이라도 터질 것처럼 보이게 된다. 하지만 안심해도 된다. 신체 조직이 터지는 일은 절대로 없다. 이 가스는 메탄, 황화수소, 암모니아, 싸이올, 이산화황으로 이루어져 있으며, 수천 명이 알아챌 수 있는 악취를 풍긴다.

신체의 표피는 부패 가스뿐만 아니라 부패로 인해 생겨난 액체와의 결합 작용으로 진피에서 분리되어 우리가 수포(水疱)라고 부르는 일종의 물집을 형성한다. 이 수포들은 표피층에 의해서만 외부와 분리되어 있고 매우 약해서, 약간의 접촉에도 터져 안에 든 액체가 흘러나올 수 있다. 이 부패액의 냄새는 매우 강렬하며 모든 유형의 직물에 잘 배어들고 오래 지속된다.

이 냄새는 한번 맡으면 결코 잊지 못한다. 하지만 더 나쁜 것은 일단 이 냄새가 시체 냄새라는 걸 알고 나면 조금이라도 숙성된 음식은 더 이상 먹을 수 없다는 점이다. 사냥 시즌이 끝나 갈 무렵 사냥꾼 친구들과 함께 멧돼지와 암사슴 고기를 먹으러 식당에 간 적이 있다. 나는 사냥을 하지 않으며, 사냥한 고기를 먹어 본

적이 거의 없었다. 그 식당에서 나에게 갖다준 멧돼지 고기는 숙성된 것, 즉 약간 썩도록 놓아둔 것이었다. 숙성시키는 것은 멧돼지 고기를 요리하는 방법 중 하나였다. 처음 한 입을 맛보고 나서 나는 더 이상 먹을 수 없다는 걸 알았다. 그 고기에서 썩어 가는 시체의 맛이 났던 것이다. 걱정하지 마시라. 나는 인간의 썩은 고기를 먹어 본 적이 없다. 하지만 그 맛을 알고 있다. 인간의 생리에 관해 나는 모든 것을 설명할 수 있다. 다른 한편으로 부패한 냄새는 타액과 섞여 특정한 맛을 내고, 후각과 미각의 중심은 서로 연결되어 있으며, 이는 우리가 냄새를 맡게 되면 그 맛도 느낄 수 있음을 의미한다. 부패한 냄새도 마찬가지다. 멧돼지, 암사슴, 다른 사냥한 고기들에 나는 다시는 손도 대지 않았다!

조직이 부어 오르고, 수포가 생기고, 표피가 떨어져 나가면서 혀와 눈이 튀어나온다. 또한 부패 가스가 몸속의 모든 구멍 안에, 주로 복강에 축적되어 팽창하고 압력을 발생시킨 결과 소변과 대변이 흘러나온다. 장이 항문을 통해 나오거나 자궁이 질을 통해 돌출되는 모습도 드물지 않게 관찰된다. 모두 사람이 사망한 뒤 섭씨 18도 안팎의 기온에서 두세 주가 지난 시점에 일어나는 일들이다. 몇 주가 지나면 시체의 색이 짙은 녹색 또는 검은색으로 변한다.

자궁, 전립선, 심장, 그리고 골격에 부착된 인대처럼 좀 더 견고한 신체 기관들은 몇 달이 지나도 부패하지 않고 남아 있다. 우리가 사는 위도에서는 야외에서 이런 상태가 12개월에서 18개월 동안 이어질 수 있다. 그런 다음 해골화가 진행된다. 우리 위도에서는 야외에서 3년 안에 해골화에 다다른다.

시신에 일어나는 변화를 매우 압축해서 설명하면 대략 이 정도다. 더 이상의 설명은 필요하지 않다고 생각한다. 그러나 일부 시신들은 부패를 겪지 않고 미라화하거나 비누화하기도 한다.

미라화는 주변 환경이 매우 건조할 때 시신의 탈수로 인해 발생한다. 기온이 아주 높아야 하는 것은 아니다. 그런데 우리는 미라화라는 단어에서 매우 자연스럽게 이집트의 미라를 떠올리기 때문에, 흔히 열이 시신을 미라로 만드는 훌륭한 방법이라고 생각한다. 이집트라는 나라가 사막을 가로질러 흐르는 강을 따라 집중되어 있고 매우 더운 것은 사실이다. 나일강이 없었다면 이집트는 건조하고 무척 더운 사막에 지나지 않았을 것이다. 시신을 미라화하는 것이 열이라면, 열대 지방, 적도의 정글에서 미라가 많이 발견되어야 한다. 하지만 그곳은 습도가 너무 높아서 시신의 미라화가 불가능하다. 다시 말해 미라화를 촉진하는 것은 열기가 아니라 건조함이다.

비누화 또는 시랍화(adipocere)는 반대로 습하거나 액체가 많은 환경에서 시신이 변형되는 현상이다.

시신의 부패와 관련해 내가 이야기하고 싶은 상황이 둘 있다. 자연 발화와 파묘다. 미라와 비누화된 시신에 관해서는 각각 9장과 20장에서 이야기할 것이다.

"안녕하세요, 박사님? X씨의 시신을 보러 가실 수 있을까요? 경찰이 저에게 자연 발화 가능성을 언급하더군요." 그 전날 저녁 TV에서 '자연 발화'라고 주장하는 사건들에 관한 프랑스의 보도 프로그램이 방영되었다. 그 프로그램은 아주 잘 만들어졌고, 그래서 나는 몇몇 사람들이 그 프로그램에서 영감을 얻을 거라고 생각했다. 틀리지 않은 생각이었다. 다음 날 그런 사건이 나에게 보고되었으니 말이다.

자연 발화는 설명할 수 없는 이유로 인체가 저절로 불에 타는 현상으로, 대부분의 경우 인체에 부분적으로 발생한다. 무도회에서 몸에 불이 붙은 소녀, 디스코텍에서 발생한 또 다른 사건 등 전 세계적으로 여러 사례가 보고되었다. 그러나 자연 발화가 일어났다고 보고된 사람들은 대부분 알코올 중독자이거나 심각한 중증 알코올 중독자들이었다. 현재 가장 그럴듯한 가설은 지방 성분이 충분한 신체에 알코올과 같은 소량의 촉진제가 존재하고 연소가 시작되기에 충분한 열이 발생하면 촉진제에 불이 붙고 체지방이 최초의 인화성 물질을 이어받아 계속 불타게 한다는 것이다. 이것을 '심지 효과'라고 부르지만 가설일 뿐이다. 간단히 말해, 검증된 사실이라기보다는 이론에 가깝다.

내가 조사하게 된 그 사건은 언론이 출동하고 TV 방송에 언급되고 기사화되는 등, 전날 방송된 TV 프로그램의 메아리처럼 큰 소동을 불러일으켰다. 시신은 2층 아파트의 주방 바닥에 완전히 시커먼 나체 상태로 반듯이 누워 있었다. 시커먼 색이 의심의 여지 없이 자연 발화에 의한 사망이라는 추측을 하게 했지만, 시신에도, 시신이 놓여 있는 바닥에도 불에 탄 흔적은 보이지 않았다. 주방 바닥은 백색 발라툼이었는데, 부패액 때문에 검게 변해 있었다. 가스레인지 쪽을 제외하고는 시신이 놓인 곳 주변만 검게 변해, 발화가 일어난 거라는 추측을 더욱 강화했다.

  나는 제물로 바쳐져 검게 탄 시신을 보는 데 익숙하다. 죽음의 양태로는 매우 예외적인 경우지만, 그런 다양한 경우들을 조사할 기회가 있었다. 휘발유 같은 촉진제를 몸에 바르고 라이터로 불을 붙인다. 그러면 촉진제에 불이 붙어 옷을 태우고 피부를 공격하지만 그 이상으로 넘어가지는 않는다. 그 결과 부패와 결코 혼동할 수 없는 광범위한 피부 화상이 발생한다.

  내 눈앞에 있는 것이 바로 몇 주 동안 그렇게 진화해 온 부패 상태의 시신이었다. 석 주 동안 우편물이 수령되지 않았고, 그 시점 이후로 그 신사가 살아 있는 모습이 전혀 목격되지 않았다. 자연 발화는 전혀 없었고 그냥 부패일 뿐이었다. 매우 흔한 일이다.

  18장 「술이 해결해 준 살인 사건」에서 보게 되겠지만, 파묘는 실수, 시신을 매장하기 전에 없애지 못한 의심, 혹은 발각되지 않고 지나간 살인의 결과일 때가 많다. 파묘는 초콜릿 상자와 같아서, 무엇을 발견하게 될지 절대 알 수 없다. 확실한 것은 상황이 좋지 않을 것이며 파헤친 시신을 부검하는 것이 그날의 가장 즐거운 순간은 결코 아니라는 것뿐이다.

"뭔가 더 발견할 것 같습니까?" 치안판사로서 충분히 할 수 있는 질문에 나는 언제나 똑같이 대답한다. "그걸 알려면 관을 열어야 합니다." 시신이 묻혀 있는 곳의 토질에 따라 부패의 정도가 다르기 때문이다.

파묘는 대부분 고인의 사망 원인을 확인하기 위해 수행하는데, 「술이 해결해 준 살인 사건」에서 설명하게 될 사건처럼, 처음 시신이 발견되거나 사망이 보고되었을 때 법의학자의 조사를 받지 않고 넘어간 경우 가장 많이 수행된다. 하지만 파묘에는 다른 이유들도 있는데, 이것을 간단히 설명하겠다. 2010년 1월 27일, 리에주의 레오폴드로에서 재난 사고가 발생했다. 폭발과 화재로 주민들이 살던 건물 두 채가 무너졌고, 나는 아파트에 혼자 살던 폴레트라는 여성의 신원을 확인해야 했다. 그녀의 경우 화재로 인해 시신이 거의 다 타 버렸기 때문에 DNA 분석 기술만 사용할 수 있었다. 그러나 DNA로 누군가를 식별하기 위해서는 비교 요소들이 필요하다. 사망자로 추정되는 사람의 칫솔이나 베개 또는 기타 다른 접촉물에서 DNA 샘플을 채취해야 한다. 그러나 폭발, 화재, 건물 붕괴 사고의 경우에는 이런 물건들이 사라지고 없다.

이런 경우 사망자로 추정되는 사람의 가족 구성원을 추적한 후 DNA를 채취해 시신에서 채취한 DNA와 대조하여 시신의 신원을 확인해야 한다. 문제는 이 여성이 독신이었고, 혼자 살았으며, 가족도 없다는 것이었다. 외아들인 마약 중독자 에두아르는 2년 전 약물 과다 복용으로 사망했다. 폴레트는 형편이 넉넉하지 못했고, 가진 것을 밑 빠진 독과 다름없는 아들에게 전부 주었다. 그런 탓에 돈이 없어서 당시 아들의 장례식 비용조차 지불할 수 없었다. 시 당국에서 장례식을 맡아 주었으며, 에두아르는 '극빈자'로 매장되었다. 다시 말해 과거에는 '공동묘지'라고 불렸고 오랫동안 그런 용도로 쓰이지 않던 곳에 시 당국이 제공한 매우 단순한 관에 담겨 묻혔다. 요즘에는 모든 무덤의 주인을 식별할 수 있어서 다행이다. 나 같은 사람이 그곳을 파헤쳐야 하니 말이다.

파묘 당일이 되었고, 나는 재난 피해자 신원 확인을 담당하는 DVI와 함께 파묘를 위해 묘지로 갔다. 우리가 할 수 있는 말은 레오폴드로에서 발생한 화재로 열네 명이 사망했다는 것뿐이었다. 그야말로 재앙이었다. 작업을 시작하기 위해 우리를 기다리던 묘지 인부들이 굴착기를 작동해 무덤을 파헤쳤다.

1미터, 1.5미터, 2미터로 구멍이 깊어져 갔지만 관은 보이지 않았다. 매장된 깊이가 2미터가 넘는 것이 분명했다. 사실을 인정해야 했다. 관은 우리가 상상할 수 없는 속도로 시신과 함께 완전히 부패했는데, 그것은 그곳의 토질과 관련이 있었다. 그곳의 흙은 밀도가 낮았기 때문에 물과 공기가 잘 통과해서 효과적인 배수가 보장되었다. 흙을 파헤치는 동안, 우리는 에두아르의 뼛조각 몇 개를 발견했다. 그 뼛조각에서 DNA를 채취해 에두아르의 유전자 암호를 얻어 폴레트로 추정되는 시신과 대조하면 신원을 확인할 수 있을 터였다.

2년 만에 파낸 에두아르의 시신이 그토록 많이 부패했을 줄은 예상하지 못했다. 반면 매장한 지 20년이 지났는데도 거의 온전하게 남아 알아볼 수 있는 상태의 시신을 파낸 적도 있다. 모든 것은 시신이 묻힌 땅의 토질에 달려 있으며 상태를 예측할 방도는 없다.

7

법의곤충학자와 파리들

　엘리베이터가 없는 그 6층짜리 건물에 들어서자마자, 내가 왜 여기에 왔는지 알 수 있었다. 며칠 전부터 악취가 심해져 이웃들이 경찰에 신고했고, 알아보니 꼭대기 층에서 나는 냄새였다. 경찰이 개입했고, 곧 6층에 시체가 있다는 사실을 알게 되었다. 경찰은 당직 검사 대리에게 이 사실을 알렸고, 검사 대리는 수사판사에게 보고했으며, 평소처럼 수사판사가 나에게 연락을 해왔다.
　내가 도착했을 때는 이미 모두 와 있었다. 모두가 거기서, 6층 계단에서 나를 기다리고 있었다. 아파트 안으로 들어간 사람은 아무도 없었다. 그럴 수밖에 없었다. 악취가 견디기 힘들 정도로 심했던 것이다.

나는 아파트 안으로 들어갔고, 연구소 직원들이 나를 뒤따랐다. 복도는 없고 여러 개의 방이 죽 늘어선 형태의 아파트였다. 그래서 아파트 안을 살펴보려면 한 방에서 다음 방으로 이동해야 했다. 냄새를 따라 오른쪽으로 가야 한다는 데는 의심의 여지가 없었다.

그것은 결코 익숙해지지 않는 냄새이고, 견딜 수 없으며, 경력 내내 그대로 지속된다. 익숙해지지 않는다면 적응할 방법을 찾아야 한다. 내 방법은 가능한 한 빨리, 그러나 서두르지 않고 시체가 있는 곳으로 들어가 거기 머물면서 코가 그 냄새로 가득 차 냄새가 덜 느껴질 때까지 기다리는 것이다. 이 방법은 효과가 있다.

생리학을 응용한 방법이다. 모든 사람이 이걸 아는 것 같아도 사실 모르는 것이 있다. 몸에 향수나 애프터셰이브를 바르고 몇 분이 지나면 더 이상 그 냄새를 느끼지 못하게 된다. 콧속, 정확히 말하면 코 뿌리 바로 뒤에 있는 후각 수용체가 그 냄새로 가득 차기 때문이다. 이 기제는 썩은 냄새의 경우에도 똑같이 작동한다. 강렬한 냄새라서 여전히 느껴지지더라도 정도가 약해진다. 절대로 하지 말아야 할 일은 냄새 나는 장소와 바깥을 왔다 갔다 하는 것이다. 그러면 병에 걸리기 쉽다. 또한 이런 유형의 냄새가 잘 배어들고 유지되는 모직 옷은 착용하지 않는 것이 좋다. 한 남성이 자신의 포르셰 자동차 안에서 약을 복용하고 자살한 뒤 며칠이 지나서야 발견되었다. 불행하게도 때는 여름이었고, 태양이 자동차 앞 유리창을 통해 강하게 내리쬐어 부패를 가속화했다. 발견 당시 시신은 부패가 진행된 상태였으며, 자동차 좌석에 부패액이 배출되어 있었다. 수리가 불가능한 상태여서 교체하기 위해 좌석을 제거했지만, 악취가 계속 남아 있어서 차량 내부에 덮인 천까지 모두 벗겨 냈다. 그렇게 했음에도 냄새가 사라지지 않아 차를 복구할 수 없게 되었다. 멋진 포르셰는 결국 폐차장으로 갔다.

내가 가는 방향의 왼쪽에 창문들이 있었고, 아파트 안은 우리에게는 익숙한, 오물이 널려 있고 무질서한 상태였다. 방들을 지나쳐 갈수록 냄새가 더욱 강렬해졌다.

경찰은 그 아파트의 세입자들을 아주 쉽게 발견했다. 그들은 마약 중독자들이었는데, 경찰 심문에서 어느 날 아파트로 돌아와 보니 어디가 어딘지 잘 알 수 없었고 친구 중 한 명이 죽어서 커튼 봉에 매달려 있는 것을 발견했다고 진술했다. 그들은 경찰과 문제를 일으키고 싶지 않아서 그를 커튼 봉에서 내린 뒤 구석방으로 옮기고 담요를 덮어 두었다. 악취가 심해질수록 담요를 더 많이 덮었고, 이후 악취가 참을 수 없을 지경이 되자 아파트를 떠났다.

시신이 있는 곳으로 다가갈수록 악취뿐만 아니라 소음도 심해졌다. 곤충 떼가 내는 소리 같았다. 나는 파리들이 잔치를 벌이는 중임을 곧바로 알아차렸다. 방 안으로 들어가기 전, 나는 연구소 직원인 내 불운한 동료에게 말했다. "내가 방문을 열 테니 당신은 입을 벌리지 말고 손가락으로 코를 쥐어 막도록 해요. 내가 들어가서 창문을 열고 확인해 볼게요."

방 안은 어둡고 아무것도 보이지 않았으며, 파리 날아 다니는 소리 때문에 귀가 먹먹할 정도였다. 바닥에 발을 딛고 걷자 발밑에서 빠지직 하는 소리가 났다. 내가 죽은 파리들을 밟아 파리의 키틴질 골격에서 난 소리였다. 창가에 다다랐을 때도 햇빛이 들어오지 않아 커튼이 쳐져 있는 줄 알았지만, 아무리 더듬어 봐도 커튼을 찾을 수 없었다. 어찌어찌 창문 손잡이를 찾아 뒤도 돌아보지 않고 활짝 열어 수만 마리의 파리들을 밖으로 내보냈다. 파리들이 내 뒤통수에 와서 부딪히는 것이 느껴졌다.

뒤를 돌아보니 방 안이 온통 죽은 파리들로 덮여 있었다. 유리창에까지 새카맣게 붙어 있어서 햇빛이 들어오지 않은 것이었다. 방 한가운데에는 담요 무더기가 쌓여 있었다.

우리는 담요를 하나하나 걷어 내다가 여섯 번째 담요 속에서 시신을 발견했다. 시신은 거의 '해골화'되어 있었다. 종잇장처럼 변한 약간의 피부, 그리고 뼈들을 이어 주는 관절의 인대만 여기저기 남아 있을 뿐 거의 골격뿐인 상태였다.

사망 시각이 몇 주 전으로 거슬러 올라간다는 걸 암시하는 정도의 부패였으며, 그렇다면 우려되는 점이 있었다. 열흘 전 경찰이 와서 수색을 했고, 그렇다면 그때 여기에 시신이 있다는 걸 놓칠 수가 없었기 때문이다.

나는 시신을 내가 일하는 곳으로 옮기게 했고, 고인의 사망 원인을 찾고 신원을 확인하기 위해 부검실에서 할 수 있는 일을 다 했다. 치과 진료 기록 덕분에 신원 확인이 신속히 진행되었다.

그런 상태에서 고인의 사망 원인을 찾기는 매우 어렵다. 발사체나 칼날이 뼈에까지 닿지 않은 이상, 별다른 말을 할 수가 없다. 이 시신의 경우 목 아랫부분의 작은 뼈인 설골이 골절되었고, 그로 인해 줄에 목이 졸렸고 그것이 잠재적 사망 원인이 되었음을 확인할 수 있었다. '잠재적'인 사항이 많았지만 아무것도 없는 것보다는 나았고, 그 사항들은 다른 세입자들의 진술 내용을 확인해주었다.

남은 것은 사망 시각 추정이었다. 이를 위해 우리는 리에주 교외 벤외제 마을에서 일하는 일반의 마르셀 르클레르(1924~2008년) 박사의 도움을 받았다. 그는 늘 입가에 미소를 띠고 파리 이야기를 들려주는 매우 유쾌한 성격의 키 작은 남자다.

마르셀은 매주 월요일 우리 법의학자들이 모여 한 주 동안의 모든 사례를 발표하는 소규모 회의에 참석했다. 마르셀은 항상 파리에 관심이 많았다. 이미 의대 지원 과정에서 파리를 가지고 생물학 시험장에 도착해 교수와 그것에 대해 이야기를 나누었다고 한다. 휴가나 회의 참석으로 자리를 비울 때 그는 검은색 우산, 물뿌리개, 그리고 촘촘한 모기장을 가지고 다녔다. 햇빛이 내리쬐면 우산을 펴고 물뿌리개로 물을 뿌린 다음 곤충들이 물을 마시러 오기를 기다렸다가 그 위에 모기장을 던졌다. 시간이 흐르면서 그는 그런 방법으로 200만 마리가 넘는 다양한 파리와 곤충 샘플을 수집하기에 이르렀다.

마르셀은 법의곤충학 분야에서 세계적으로 뛰어난 전문성을 인정받았으며, 때로는 자신의 지식을 바탕으로 미디어를 통해 널리 알려진 다양한 조사에 필수적인 정보를 제공했다. 우리는 그를 '파리 선생'이라고 부르는데, 『피터 팬』에 나오는 후크 선장의 화풀이 대상과는 아무런 관련이 없다.

마르셀은 나에게 매우 특별한 이야기를 들려주었다. 무척 민감한 어떤 사건에서 파묘 후 시체에서 파리들이 발견되었다. 이 문제에 관한 최고의 전문 지식이 필요하다는 사실을 깨달은 수사관과 치안판사 들은 미국의 FBI로 눈을 돌렸다. 그 분야에 대한 우리의 부족함과 동원할 수 있는 모든 기술과 수단을 고려할 때, 그런 접근은 합리적이었다. 그 미국인들은 정부의 지원을 받고 있다는 사실도 말해야 할 것이다. 그런데 미국인들의 반응은 놀랍고 단호했다. "우리는 도와드릴 수가 없습니다." 그들은 미국의 파리와 벨기에가 속한 유럽의 파리는 같지 않아서라고 설명했다. 그것은 완벽하게 사실이었다. 그들은 벨기에나 유럽의 파리에 대해 전혀 알지 못했고, 미국에서 그걸 알 수 있는 방법도 없었다. 또한 그들은 그 분야의 현대적이고 과학적인 발전의 첨단에 있는 사람은 마르셀 르클레르이며 그는 리에주에서 활동하는 의사라고 덧붙여 말했다. 이 말을 들은 벨기에 수사관과 치안판사 들의 표정이

어땠을지 정말이지 보고 싶다.

마르셀 르클레르는 2008년에 사망했지만, 그의 연구는 법의학계에서 오늘날까지도 여전히 인용되고 있으며 반드시 고려해야 할 참고 자료다. 그는 353편의 출판물을 저술했으며, 1978년에 간행되었고 지금도 내 서재에 당당히 자리 잡고 있는 『곤충학과 법의학』을 포함해 세 권의 책을 썼다. 그뿐만 아니라 세 편의 대중 영화를 만들기도 했다. (그중 한 편이 나와 함께 모나리자 프로덕션에서 작업한 「파리 전쟁」이다.) 실제로 그는 과거를 발굴하고 새로운 정보를 소개했으며, 프랑스의 수의사이자 곤충학자이며 1894년에 출판된 법의곤충학에 관한 기본서 『시체 동물군』의 저자인 장피에르 메닌(1828~1901년) 박사의 작업을 상당 부분 개선했다. 『시체 동물군』은 법의학 역사에 일어난 여러 사건 속에서 얼마간 잊혔지만 오늘날에도 여전히 출판되고 있다.

우리의 시체로 돌아가자. 마르셀은 그 방의 온도가 매우 높아서 매우 짧은 시간 동안 다수의 파리가 발생했음을 알려 주었으며, 사망 날짜를 경찰이 수색을 위해 방문한 뒤 이틀에서 여드레 후로 추정하게 해 주었다. 우리 법의학자들에게는 진정으로 안심되는 일이자 놀랍기 짝이 없는 경험이었다.

시신이 파리들에 의해 그토록 빠른 속도로 청소된 모습을 본 것은 내 경력에서 처음이자 유일한 일이었고 조건이 예외적이었던 것도 사실이다. 한여름, 뜨거운 여름이었으며, 커튼이 없고 이

중창이 달린 정남향의 작은 방이었다. 그곳은 그야말로 파리 인큐베이터였다.

8

법의인류학자와 해골들

　부패의 마지막 단계인 해골을 검사해 달라고 요청받는 일도 드물지 않다. 해골을 검사하려면 특별한 훈련이 필요하다. 다행스럽게도 프랑스 니스의 제랄드 카트르옴 교수, 몽펠리에의 에리크 바치노 교수, 벨기에 샤를루아의 필리프 르페브르와 같은 훌륭한 법의인류학자들이 있다. 해골을 검사하다가 의심스러운 점이 조금이라도 발견되면, 나는 항상 이들의 도움을 받는다. 나는 해골에 관한 훈련을 받았지만 실무에서 그것을 충분히 다뤄 보지는 못했다. 그래서 "우리는 평소에 하는 일만 잘한다."라는 내가 좋아하는 격언을 존중해 실무에서 해골을 많이 다뤄 본 사람의 경험을 참고하는 것을 선호한다.

　크리스티앙은 동굴 탐험을 좋아했다. 운 좋게도 집에서 가까운 곳에 동굴이 있었고 그곳에 가는 것을 좋아했기 때문에, 매주 동굴 탐험을 했다. 그 동굴은 입구가 여러 개였고, 그는 그 입구들을 모두 알고 있었다. 여러 번 탐험을 해 봐서 그 동굴에 대해서라면 모르는 것이 없었다. "나는 그 동굴을 눈 감고도 다닐 수 있어."라고 말하기까지 했다. 어느 날 정오경, 크리스티앙과 함께 자주 동굴을 탐험하던 친구 피에르가 크리스티앙의 집에 들렀다. 그러나 크리스티앙은 집에 없었다. 집 안에 동굴 탐험 장비도 없었다. 어머니는 크리스티앙이 '동굴'에 간 것 같다고 말했다. 피에르는 그 말을 듣고 자기 집으로 돌아갔다.

다음 날 아침 피에르는 경찰 때문에 잠이 깼다. "안녕하세요, 경찰입니다. 크리스티앙을 찾고 있는데요, 혹시 함께 있습니까?" 지난밤 크리스티앙이 귀가하지 않았고, 그의 어머니가 걱정이 되어 아침에 경찰에 실종 신고를 한 것이다.

"아니요. 하지만 크리스티앙 어머니는 그 애가 동굴 탐험을 하러 간 것 같다고 말씀하시던데요."

"알고 있어요. 동굴에 가 보기 전에 먼저 지인들을 두루 수소문하는 겁니다."

"제가 함께 갈게요. 저는 그 동굴을 잘 알아요. 그 애를 찾을 수 있을 거예요."

이렇게 말한 뒤 피에르는 경찰과 헤어져 자기 장비를 가지고 크리스티앙을 찾아 나서기로 했다. 어떻게 해서든 찾아내겠다고 마음먹었다. 아마도 크리스티앙은 넘어져서 심하게 다쳤을 것이고, 그가 동굴에 들어간 지 24시간이 되어 가니 시간이 별로 없다고 생각했다. 크리스티앙이 어두운 동굴 안에 갇혀 있을 거라는데 생각이 미치자 피에르는 두려움에 사로잡혔다. 크리스티앙은 어둠을 싫어했다. 그런데도 자주 동굴에 간 것은 스스로를 시험하고 어렸을 때부터 그를 따라다닌 두려움을 극복하는 법을 배우기 위해서였을 것이다. 경찰은 크리스티앙 수색에 나서기 위해 그 지역의 많은 아마추어 동굴 탐험가들을 소집해 수색대를 만들었다.

수색은 정오쯤 시작되었다. 야외에서는 태양의 위치와 밝기에 따라 시간 개념이 형성되지만, 지하에서는 시간 개념이 없어진다. 그 동굴은 거대했고 사방팔방으로 갈림길이 뻗어 있었다. 수색은 산발적으로 체계 없이 진행되었으며, 곧 찾을 수 있을 거라 생각했지만 안타깝게도 그러지 못했다. 저녁 8시경, 모두의 피로를 고려해 수색을 중단했고, 다음 날 오전 7시에 다시 수색에 나서기로 합의했다.

동굴 밖에서는 다른 사람들이 주변의 숲을 조사한 결과, 동굴 입구, 수직에 가까운 구멍 옆에 있는 나무와 밧줄로 연결된 우물을 발견했다. 밧줄을 끌어 올려 봤지만, 우물 바닥에 닿기에는 밧줄이 너무 짧았다. 밧줄은 겉으로 보기에도 무척 낡은 상태였다. 밧줄이 끊어져 크리스티앙이 추락해서 부상을 입고 의식을 잃은 채 우물 바닥에 쓰러져 있을 수도 있었기에 한 남자가 다른 밧줄을 몸에 묶고 우물 속으로 내려갔다. 그러나 거기에 크리스티앙의 흔적은 없었다.

다음 날 수색이 재개되었다. 경찰이 시 당국으로부터 동굴 지도를 입수했고, 수색대장은 지도에 격자 표시를 해 수색할 구역을 나누고 각각의 구역을 소그룹들에 할당했다. 그러나 날이 저물 무렵에도 수색 결과는 전날과 같았다. 성과가 전혀 없었다.

여러 날이 지났지만 크리스티앙은 발견되지 않았다. 동굴은 무척 컸다. 사실이었다. 그러나 지난 닷새 동안 정말이지 동굴 전체를 샅샅이 뒤졌다. 사실을 인정해야 했다. 크리스티앙은 동굴 안에 없었다. 크리스티앙이 가출했을 거라는 등 다른 가설들이 대두했지만, 스물세 살의 청년이 가출을 한다는 건 말이 안 되는 이야기였다. 그의 신분증과 여행 가방, 소지품도 모두 집에 그대로 있었다. 그렇다면 납치일까? 하지만 그의 가족은 부자가 아니어서 몸값을 받아 낼 가능성이 없었다. 살해되었을 가능성도 남아 있었다. 이에 대한 별다른 수긍 없이 수사가 시작되었다.

며칠, 몇 주, 몇 달, 몇 년이 흘러갔다. 그 마을에서는 크리스티앙 실종 사건이 일종의 전설이 되었고, 아마추어 동굴 탐험가들은 크리스티앙의 시신을 찾으러 그 동굴을 찾아갔다. 크리스티앙을 찾아내는 것은 성배를 발견하는 것과 같았다. 그러나 25년이 흐른 뒤에는 아무도 더 이상 그 전설을 믿지 않았다.

어느 날, 마을 파출소의 문이 열렸다. 동굴 탐험 복장을 한 세

명의 젊은이가 들어와 카운터 위에 헬멧을 올려놓고 말했다.

"우리가 크리스티앙의 시체를 발견했어요."

"누구의 시체요?" 경력이 얼마 안 된 신입인 데다 그 마을 출신도 아닌 여자 경찰이 되물었다.

"아, 25년 전에 실종된 크리스티앙의 시체요."

그들의 대화를 듣고 있던, 그 지역 출신이며 그 실종 사건에 대해 알고 있는 경찰관이 다가와 말했다.

"음, 젊은이들, 오늘은 만우절이 아니야."

"장담하는데 사실이에요. 보세요, 이게 그의 헬멧이에요. 여기에 이름이 적혀 있잖아요."

경찰은 입가에 미소를 띤 채 젊은이가 내민 헬멧을 건네받아 살펴보았다. 다음 순간 그는 미소가 싹 가시고 안색이 새하얘지면서 이렇게 외쳤다. "소장님, 이리 와 보세요. 드디어 크리스티앙을 찾았습니다!"

두 시간 뒤 나는 그곳에 도착했고, 사람들이 나에게 동굴 탐험용 옷을 입혀 주었다. 생애 처음으로 동굴 하이킹을 경험하려는 참이었다. 연구소 직원들, 심지어 검사 대리까지 함께 한 시간 남짓 동굴 속을 걷고 기어간 끝에 문제의 장소에 도착했다.

거기에 크리스티앙이 반듯이 누워 있었다. 그는 25년 동안 우리를 기다리고 있었다. 시간이 제 할 일을 한 탓에 해골 상태에 불과했지만, 분명 거기에 있었다. 내가 앞으로 다시는 볼 수 없을 것 같은 해골이었다. 바닥이 평평한 동굴 안에서 바람과 악천후로부터 보호되고 온도와 습도도 안정된 환경에서 뼈들이 변형되지 않고 제자리에 그대로 남아 있었다. 해골을 발견한 젊은 동굴 탐험가들이 증거로 헬멧을 챙겨 가느라 경추 부분이 조금 흐트러진 것을 제외하고는 조금의 흐트러짐도 없었다. 여전히 재킷 차림에 부츠를 신고 있었고, 나머지 옷들은 습기에 부식되어 사라지고 없었다.

뼈도 손상이 없었다. 나는 그곳에서 곤충들이 활동하고 남긴 모든 것, 즉 수많은 빈 번데기[9]를 모아 법의곤충학자인 르클레르 박사에게 전달했다. 며칠 후 실시한 조사에서 그는 그 번데기 사체들이 우리에게는 알려지지 않았지만 영국에서는 잘 알려진 곤충이라는 사실을 발견해, 그 곤충들이 정말로 유럽 대륙에 존재하는지에 대한 광범위한 논쟁을 불러일으켰다.

연구소 직원들이 크리스티앙이 생애 마지막 시간을 보낸 곳이자 오랫동안 그의 무덤이었던 그곳과 주변의 사진을 찍었고, 나는 그의 뼈들을 모아 지상으로 가져왔다. 그렇게 크리스티앙은 25년 만에 동굴 밖으로 나왔다.

그의 뼈를 부검실로 가져가 최대한 면밀히 조사했지만, 검사 결과 골절이 없다는 것 말고는 아무것도 발견되지 않았다. 이후

---

9 쌍시류(雙翅類) 곤충의 유충기과 성충기 사이의 중간 단계.(원주)

나는 인류학적 조사를 실시했고, 그것이 실제로 크리스티앙과 일치하는 약 20세의 백인 남성의 해골임을 확인했다. 법의학 치과 의사가 부검실에 나와 함께 있었다. 그는 많은 시간이 흐르고 담당 치과 의사가 세상을 떠났음에도 보존되어 있는 크리스티앙의 치과 진료 기록을 해골의 치아와 비교했다. 이 비교가 결정적이었다. 해골의 주인은 크리스티앙이 틀림없었다.

마침내 그는 그를 매장해 줄 수 있는 가족에게 돌아왔지만, 그보다 중요한 것은 그 발견을 통해 오랫동안 지속되어 온 의혹이 종식되었다는 사실이었다. 그토록 열심히 수색했는데도 발견되지 않았기 때문에, 사람들은 그가 그 동굴 안에서 죽지 않고 어딘가에 살아 있다고 생각할 수도 있었던 것이다. 그는 대관절 무슨 끔찍한 이유로 발견되지 않았던 걸까? 아무도 알 수 없었고 모든 가설이 가능했다.

사람이 해골 상태로 발견되는 건 예외 없이 특별한 일이지만, 대부분의 경우 뼈 몇 개만 발견된다. 뼈대 전체가 온전하게 발견되는 일은 거의 없다. 나는 한 달에 한 번 정도 작업 중 발견한 뼈가 담긴 상자나 꾸러미를 받는다. 대부분 분석을 요청하는 경우다. 그것들은 일반적으로 동물의 뼈지만, 인간의 뼈인 경우도 있다.

몇 년 전, 어느 동굴학자가 새로운 동굴을 찾으러 나섰다. 그는 큰 돌담 아래 무너져 동굴을 보이지 않게 숨기는 돌더미에 관심이 많았다. 그런 돌더미를 치우다가 해골을 발견했고, 경찰에 신고했다.

나는 검사 자크와 함께 출발했다. 우리 집에서 30분 거리였다. 현장에 도착해 보니, 놀랍게도 기자들이 와 있었다. 어떻게 소식을 들었을까? 수수께끼였다. 발견된 해골을 살펴보는 우리의 사진이 지역 신문 1면에 실리면서 우리는 언론의 영예를 얻었다.

검사 중에 나도 알지 못했던 뼈의 형태가 보여 깜짝 놀랐다. 인간의 뼈가 맞았지만 조금 특이했다. 세 번째 전자(轉子)[10]가 보였다. 그 뼈 돌기는 넙다리뼈 상부 골단의 뒷면에서 발견되었다. 해부학적으로는 분명히 두 개만 있어야 하는데, 넙다리뼈 꼭대기 뒤에 세 번째 뼈 돌기가 있었다.

뼈에 외상이나 골절의 흔적이 전혀 없고 두개골이 아직 발견되지 않았기 때문에 신원 확인을 가능하게 해 주는 유일한 뼈인 두개골이 발견될 때까지 나의 임무는 중단되었다.

자크가 나에게 고인이 사망한 지 20년이 넘었는지 확인해 달라고 요청했고, 나는 빛을 발하지 않는 우드 램프(자외선)로 뼈 내부를 비추는 테스트를 했다. 사망 시점을 정확히 알 수는 없었지만 죽은 지 20년이 훨씬 넘었다는 결과가 나왔다. 20년은 범죄의 공소 시효다. 바로 이것이 사법 기관에서 시신이 얼마나 오래되었

---

10 넙다리뼈 경부 아래쪽에 있는 돌기.

는지 관심을 가지는 이유다. 사망 날짜가 20년 전 이상으로 거슬러 올라가면 공소가 기각되고 더 이상 범인을 추적할 수 없기 때문이다. 따라서 자크는 안심했고 공소가 기각되었지만, 그래도 신원을 확인하는 일이 남아 있었다.

며칠 후 자크가 나에게 전화해 우리 일에 관한 새로운 소식을 전했다. "지금 앉아 계세요?" 자크가 내 궁금증을 자극하기 시작했다. 나는 전화기 너머에서 그가 재미있어하는 것을 느꼈고, 그래서 안심했다. 분명 심각한 일은 아닌 것 같았다. "맞아요, 그러니 어서 말해 봐요." 나는 서 있었지만 그가 내 호기심을 자극하는 데 성공했고, 그래서 그가 나에게 무슨 말을 할지 알고 싶었다. "그 해골의 주인은 신석기 시대 사람이에요." 그가 나에게 말했다.

어느 고고학자가 언론에서 우리 사진을 보고 경찰에 연락해 그 해골을 보고 싶다고 했다는 것이다. 고고학자는 그것을 보고 신석기 시대의 무덤에서 나온 뼈라고 판단했다. 이후 그 지역은 '고고학적 발굴 지역'으로 지정되었고, 아마추어 동굴학자이자 그 뼈의 발견자가 물꼬를 튼 발굴 작업이 계속되었다. 고고학자들은 약간의 유머를 담아 그 장소를 '사법 경찰 구덩이'라고 부른다.

"안녕하세요, 박사님? 보셔야 할 해골이 발견됐어요." 당직 검사가 말했다. 법의학 연구소가 코앞이었고, 날씨도 좋았고, 바람을 좀 쐬고 싶었다. 그래서 나는 그곳까지 걸어가는 데 필요한 장비들이 모두 담긴 배낭을 멨다. 장비를 가져갈 때 여행용 가방

대신 배낭을 사용한 지 여러 해째였다. 배낭을 메면 양손이 자유롭고 이동하기도 더 좋다.

 시신은 건물 꼭대기 층인 3층에 있었다. 현관문을 여니 시신이 있는 거실이 곧바로 보였다. 시신은 안락의자에 앉아 텔레비전을 마주 보고 있었다. 시신의 오른손 옆, 팔걸이 위에 리모컨이 놓여 있었다. 그는 장뤼크 라이히만이 TF1 방송국에서 진행하는 퀴즈 프로그램인 「한낮의 타격 열두 번」을 시청하고 있었다. 장뤼크 라이히만은 내가 무척 좋아하는 진행자다. 나는 속으로 이렇게 생각했다. '심지어 죽은 사람까지도 당신을 보고 있네요.' 연구소 직원들까지는 부르지 않았기 때문에 내가 직접 현장 사진을 찍었다. 법의학에서 사진은 특별하다. 그것은 현실을 실제보다 훨씬 더 강렬하고 암울하게 담아낸다. 나는 항상 그것에 놀란다. 그날 내가 찍은 사진도 예외가 아니었다. 게다가 텔레비전이 켜져 있고, 장뤼크 라이히만의 얼굴이 죽음에도 불구하고 삶은 계속된다는 진부한 사실을 강조하듯 눈에 확 띄었기 때문에 더더욱 암울했다.

 시신은 살이 완전히 사라진 모습으로 앉아 있었다. 몸 군데군데에 덮인 옷의 잔해 아래, 그리고 팔다리와 흉부를 덮고 있는 미라 형태의 피부층 아래로 뼈들이 드러나 보였다. 무슨 기적인지 머리가 여전히 세워져 있었으나, 손을 대자마자 분리되어 무릎으로 툭 떨어졌다. 나보다 훨씬 더 그런 일을 예상하지 못한 경찰들에게는 특히나 식겁할 만한 순간이었다. 분명 경찰들은 나보다 더 충격을 받은 것 같았다.

　파리 사체나 번데기는 없었고, 그러니 곤충의 활동도 없었다. 즉 파리를 비롯해 다른 곤충들이 개입하지 않았다. 창문이 잘 닫혀 있었고, 틈도 없었다. 실내 온도는 섭씨 20도였으며 큰 변화가 없었다. 그런 조건에서는 시신이 해골 상태가 되는 데 몇 개월, 최소한 4개월에서 6개월이 걸린다.

　몇 달 전 이웃들이 약간 고약한 냄새를 맡았고, 경찰들이 와서 이웃들에게 몇 가지 묻고는 대수롭지 않게 넘겼다. 그들은 주변에 방치되어 있다가 마침내 치워진 쓰레기 때문이라고 생각했다. 가장 놀라운 점은 중앙 난방 장치를 수리해야 할 때까지 여러 달 동안 아무도 이 신사에 대해 걱정하지 않았다는 것이다. 난방용 파이프를 비워야 했고, 수리한 후 시스템을 정화해야 했다. 그러나 이 신사는 반응을 보이지 않았고, 당연히 경찰이 출동 요청을 받았다.

　죽은 사람을 보는 일은 아무것도 아니다. 죽음은 조만간 우리 모두를 불시에 덮칠 것이다. 우리 중 일부가 겪고 있는 사회적 곤궁, 고독, 망각을 보는 것이 훨씬 더 힘든 일이다.

9

미라가 된 시신

"안녕하세요, 박사님? ○○거리에 좀 가 보셔야겠어요. 박사님도 그곳을 알고 계실 것 같은데요."

"아뇨, 난 모르겠어요. 내가 왜 그 거리를 알아야 하죠?"

"가 보시면 알아요, 박사님. 아마 놀라실 겁니다."

끊임없이 놀라게 되는 직업에 종사하고 있지만, 그날은 또 어떤 놀라움이 나를 기다리고 있을지 무척 궁금했다.

현장에 도착한 나는 평소처럼 경찰차를 찾았고, 거리 입구, 즉 시신이 발견되었고 우리가 조사해야 할 집 앞에서 경찰차를 발견했다. 1970년대에 지어진 고전적인 주택, 유명한 '벨에타주' 주택[11]

---

11 귀빈을 접대하는 접견실과 침실 등이 있는 별개의 층을 갖춘 주택.

이었다.

한눈에도 매우 분주해 보이는 그 거리에서 경찰들이 환한 미소로 나를 맞아 주었다.

"그런데 박사님, 정말 이 거리를 모르시나요?"

"그러는 여러분은 모두 이 거리와 무슨 관련이라도 있습니까? 이 거리의 어떤 점이 그렇게 특별한가요?"

그곳은 많은 차량과 어울리지 않는 막다른 골목이었다. 경찰의 재촉에 따라 그 집을 향해 몇 걸음 옮기다가, 나는 차량 운전자들의 관심을 집중시키는 것이 무엇인지 깨달았다. 바로 유리창 너머의 아가씨들이었다. 나는 그 도시에서 교통량이 가장 많은 거리, 즉 사창가에 와 있었다. 그것이 내가 다양한 살인 사건이나 살인 미수 사건으로 경력을 쌓으면서 자주 방문하게 될 이 거리에 깃든 수수께끼의 답이었다.

그 집은 매우 노후했고, 출입문도 제대로 닫히지 않았다. 2층이 한동안 불법 점거되었고, 1층에서는 행인들이 방광의 긴장을 가라앉힌 뒤 더 멀리 가서 회음부의 긴장도 가라앉혔다.

집주인이 사라졌다. 그 거리를 차지하고 있는 아가씨들에게 불쾌한 일은 아니었다. 그는 건너편 보도로 지나가게 된 고객들에게 그러듯이 그녀들이 지나갈 때도 2층 창문에서 자신이 아는 새들의 이름을 전부 불러 대며 욕설을 퍼부었으니 말이다. 단골손님들은 그 집 앞에 차를 세우면 안 된다는 걸 알고 있었다. 그러면 그야말로 욕설 폭격을 받을 위험이 있었기 때문이다.

그러던 어느 날, 더 이상 욕설도 들리지 않고, 무례한 도발도 일어나지 않고, 2층 창가에 집주인 남자도 더 이상 나타나지 않았다. 걱정하던 아가씨들 중 한 명이 단골손님인 지역 경찰에게 그 사실을 알리기까지 했다. 그 경찰이 집주인의 방문을 두드려 볼 거라는 어떤 의무감 같은 것을 가지고 말이다. 그러나 남자의 방문에서는 반응이 전혀 없었다. 경찰이 1층 창문을 통해 들여다보니 방 안이 평범하게 보이긴 했지만 엄청나게 무질서한 상태였다. 그는 사무실로 돌아와 사회복지 기관에 그 사실을 알렸다. "아, 네, 슐리츠 씨 말이군요. 그 사람이라면 잘 압니다. 우리가 만나 보려고 들를 때마다 도움을 거부하고 욕설을 퍼부었거든요. 그래서 포기하고 더 이상 방문하지 않게 되었답니다." 복지 담당자의 답변이었다. 그 경찰은 다른 업무들에 열중하게 되었고, 슐리츠 씨는 그의 관심사 밖으로 멀어졌다.

슐리츠 씨가 모습을 보이지 않은 지 6개월 뒤 2층에 작은 불이 나서 소방관들이 왔을 때 그를 찾으려고 집 안을 수색했지만 성과가 없었다. 그곳을 불법 점거하고 있던 노숙자 한 명이 불을 지폈는데 불길이 커졌던 것이다. 소방관들은 불이 번진 층들만 조사하기로 했고, 이후 경찰은 그동안 그곳을 점거했던 노숙자들, 혹은 예전의 그들이 아니더라도 다른 노숙자들이 그곳으로 오지 못하게 최소 일주일 동안 외부인의 출입을 막았다. 그들은 돌아오지 않았다. 화재 때문에 불법 점거해서 머물기에도 적합하지 않은 곳이 되었기 때문이다.

이 개입은 몇 달 전 제기되었다가 중단된 논의를 다시 상기시켰다. "그렇다면 슐리츠 씨는 도대체 어디에 있는 걸까요?" 그는 거류 외국인이었고, 그래서 그의 행방에 관해 가장 널리 퍼진 가설은 그가 먼 고국으로 돌아갔다는 것이었다. 모든 사람을 안심시키는 이점이 있는 가설이었다.

안타깝게도 그 집은 계속 파손된 상태로 있었다. 시간이 흘렀지만, 레옹이 올 때까지 슐리츠 씨로부터는 아무런 소식도 없었다. 사실 레옹은 슐리츠 씨 실종 사건에 관해 알지 못했지만 우연히 그 수수께끼를 풀게 된다.

레옹은 35세의 잘생긴 청년으로, 잘나가는 보험 중개사였다. 부모님은 그의 할아버지를 기리기 위해 오랫동안 유행하지 않던 레옹이라는 이름을 그에게 지어 주었다. 레옹은 결혼은 하지 않았고 나탈리라는 파트너가 있었다. 그는 나탈리를 사랑했지만 나탈리는 섹스에 거의 관심이 없었다. 레옹은 한창 나이였고 파트너를 만족시키려는 욕망도 능력도 부족하지 않았으므로 그것 때문에 힘들어했다. 친구들이 그에게 "그녀와 헤어져. 그런 다음 다른 사람을 만나면 되잖아."라고 말했지만, 레옹은 나탈리를 무척이나 사랑했고 그녀 없이 살아갈 생각은 해본 적도 없었다. 조언에 결코 인색하지 않은 친구들은 한술 더 떴다. "그럼 다른 애인이라도 만들어." 레옹은 그들이 다시는 그런 말을 꺼내지 못하게 했다. 노라는 학교를 갓 졸업한 22세의 매우 예쁜 북아프리카 출신 아가씨였다. 그녀는 레옹이 다니는 회사의 재해 담당 부서에 인턴으로 채용되었으며, 레옹이 그녀의 인턴 과정 감독자였다. 모든 상황이 합쳐져 그들 사이에 모종의 일이 일어나게 되었다. 노라는 어머니 및 세 자매들과 함께 살았다. 아버지는 가족보다 먼저 벨기에에 와서 일하다가 가족을 전부 데려왔는데, 몇 년 전 직장에서 일어난 사고로 사망했다. 노라의 가족은 그녀를 벨기에에 사는 그들 고국 출신의 남자, 즉 가족과 알고 지내는 친구의 아들과 결혼시키려고 여러 번 시도했다. 그러나 서양 문화에 흠뻑 젖어 든 노라는 그 권유를 결코 받아들이지 않았고, 집안에서 강요할 경우에 대비해 도망갈 생각조차 하지 않았다. 그녀가 이주해 온 나라에는 멋진 남자들이 넘쳐 났고, 그녀는 이미 한 남자를 사랑하고 있었다. 그들의 관계는 몇 달 동안 지속되다가 끝났고 그 일로 노라는 마음에 상처를 받았지만, 그래도 다음에는 좋은 남자를 만날 수 있을 거라 믿기로 했다.

　마침내 그녀에게 백마 탄 현대의 기사가 등장했다. 그는 진지하고 잘생겼으며 근면한 35세의 남자로, 그녀에게 일을 가르쳐 주는 사람, 곧 피그말리온[12]이었다. 그 남자에게는 이미 파트너가

12　그리스 신화에서 유래한 표현으로, 자신이 사랑하는 여자를 발전시키기 위해 조언하고 지도하는 남자를 뜻한다.

있었지만 결혼했거나 자녀가 있는 건 아니었다. 단단하게 확립된 견고한 관계는 아니라는 뜻이었다. 그녀는 레옹이 마음에 들었다. 바로 이 남자라고 확신하고 마음속으로 점찍었고, 레옹도 얼마 지나지 않아 그 사실을 알게 되었다.

선택받은 남자인 레옹은 여느 때와 마찬가지로 하루 업무를 시작했다. 그리고 곧 나탈리에 대한 사랑과 노라에 대한 사랑 사이에서 옴짝달싹 못 하게 되었다. 그런데 동시에 두 사람을 사랑할 수는 없었다. 그러지 못하는 것이 아니라, 그런 상황을 견딜 수가 없었다. 그러던 중 나탈리가 뭔가 이상하다는 걸 알아차렸다. 레옹은 연애 경험이 부족했다. 여자들이 애인의 검은 재킷에 붙어 있는 자신의 것이 아닌 검은 머리카락을 5미터 거리에서도 발견할 수 있다는 것을, 그리고 그런 것이 여자들에게 결정적으로 의혹을 불러일으킨다는 것을 알지 못했다. 레옹은 나탈리에게 모든 것을 털어놓은 뒤 두 여자와의 관계를 모두 끝냈다. 그러나 나탈리를 잃는 순간 자신이 생각보다 그녀를 훨씬 더 사랑한다는 걸 깨달았다. 얼마 후 그들은 다시 만났다. 노라는 부서를 옮겼고, 레옹은 더 이상 그녀를 볼 수 없었다.

이 사건이 나탈리의 성적 욕망에 동기를 부여하지는 않았다. 오히려 그 반대였다. 레옹은 이 사건에서 교훈을 얻었다. 바람을 피워서는 안 되며 자신이 그런 일에 소질도 없다는 걸 깨달았다. 남은 선택은 사창가에 가는 것뿐이었다. 레옹은 차를 몰고 그

유명한 거리에 갔다. 남들 눈에 띄지 않도록 멀리 떨어진 곳에 차를 세워 두었다. 그가 실수한 건 그것뿐이었다. 그는 별로 매력적이지 않은 그 거리를 걸었다. 밤이면 네온 불빛이 환히 빛나는데도 그다지 매력적이지 않았다. 파리, 런던, 리에주, 어디에서나 사창가의 분위기는 매우 특별하다. 자동차들이 천천히 다니고, 가끔 멈추기도 한다. 남자들은 서로 모른 척하며 지나치고, 유리창 너머의 아가씨들은 모두에게 미소 지으며 손짓을 하고, 사람들은 정육점 진열대에서 고기를 사듯 흥정을 한다. 유리창 너머에는 다양한 민족 출신의 매우 아름다운 아가씨들이 있다.

법의학과 일반 의학을 병행하던 시절에, 나는 도시의 다른 구역에서 몇몇 매춘부들을 치료해 준 적이 있다. 베로니크라는 아가씨가 열이 나고 기침도 약간 해서 나에게 전화해 왕진을 요청했고, 나는 그 요청을 받아들였다. 그곳을 방문하는 것이 처음은 아니었고, 그래서 그녀의 고객 두 명이 예약한 시간 사이의 비는 시간에 들르기로 했다. 베로니크는 23세의 아주 예쁜 아가씨로, 그 업계에서 무척 성공적으로 일하고 있었다. 그날 나는 커튼이 쳐져 있는 그녀의 방 창문 앞에 주차했다. 커튼이 쳐져 있다는 건 그녀가 일하고 있다는 뜻이었다. 그래서 70세가 넘어 보이는 노인이 그녀 방에서 나올 때까지 매우 지루하게 기다렸다. 나는 속으로 그래도 그녀가 꽤 용기가 있다고 생각했다. 나는 들어가서 베로니크를 치료했고, 그녀는 평소처럼 나를 놀리면서 진료비를 지불했다. 자기는 공부를 많이 하지 못했는데 돈을 잘 벌고 나는 오랫동안 공부했지만 돈을 많이 못 번다고 말하면서 말이다. 그녀 말이 옳았다! 내가 그녀의 방에서 나왔을 때 경찰차가 지나갔고, 나를 법의학자로 알고 있던 경찰들이 내 얼굴을 알아보았다. 법의학에 종사하는 사람은 그리 많지 않았으니까. 그들이 말했다.

"기분이 좀 좋아지셨나요, 박사님?"

"오해하지 마세요. 나는 환자를 치료하러 온 겁니다."

"네, 네, 다들 그렇게 말하더군요. 좋은 하루 보내세요, 박사님!"

경찰들은 나를 뻔한 거짓말을 하는 사람으로 보았고, 그 장면을 놓치지 않고 보고 있던 베로니크는 깔깔대며 웃었다. 살다 보면 가끔 이 세상에 나 혼자라는 느낌이 드는 순간이 있다.

레옹은 마음을 정했으나 갑자기 급박한 요의가 느껴져 소변 볼 곳을 찾아야 했다. 통행량이 많은 거리에서는 쉽지 않은 일이었다. 마침 거리 입구에 버려진 듯 황폐해서 소변 보기에 괜찮을 것 같은 집 한 채가 보였다. 그 집까지 걸어간 그는 문이 열려 있는 것을 알아차리고 안으로 들어갔다. 거리의 가로등 불빛 덕분에 현관과 거실인 듯한 오른쪽 방이 어스름하게 보였다. 그 방에는 사람이 들어갈 수 없을 정도로 물건들이 산처럼 쌓여 있었다. 현관문 바로 옆, 시야에서 벗어나 있어 사람들 눈에 띄지 않아 볼일을 보기에 딱 알맞은 곳이었다. 레옹은 자리를 잡고 서서 바지 지퍼를 내렸다. 속옷을 젖힌 뒤 긴장을 풀기 시작했다. 바로 그때, 거리에서 방 안으로 들어오는 창백한 빛줄기 속에 바닥에서 누군가의 얼굴이 그를 쳐다보는 것이 보였다. 질겁한 그는 비명을 지르며 집 밖으로 뛰어나갔다. 때마침 경찰차가 지나가다가 그런 그의 모습을 보았다. 이것이 레옹이 슐리츠 씨를 찾아낸 정황이었고, 레옹이 자신이 저주받았다고 생각한 방식이었다. 그가 또다시 그 거리를 방문할지는 알 수 없는 일이었다.

시신은 거기에, 우리 앞 바닥에 누워 입을 벌린 채 텅 빈 눈으로 우리를 쳐다보고 있었다. 알몸이었으며, 머리가 양동이에 기대어져 있고 왼쪽 다리는 다른 양동이에 얹혀 있었다. 그는 온갖 쓰레기가 어지럽게 널려 있는 그 방 안에 있었다. 그때까지 한 번도 목격되지 않았다는 걸 믿을 수 없었다. 시신은 미라 상태였다.

상황이 다소 특수한 탓에, 수사판사가 나에게 부검을 실시해 달라고 요청했다. 내가 미라를 부검한 건 그때가 처음이었다. 시신을 법의학 연구소로 옮겨 오게 했다. 당시 사법 경찰의 젊은 조사관이었던 필리프 질롱은 그 사건을 오랫동안 기억하게 된다. 그는 지역 장의사에 시신을 법의학 연구소로 운반해 달라고 요청했고, 장의사에서 영구차를 가지고 왔다. 장의사 직원들이 슐리츠 씨의 시신을 관에 넣자, 양동이 위에 오랫동안 놓인 채로 굳어 버린 왼쪽 다리가 관 밖으로 튀어나왔다. 여러분은 다리를 펴면 되지 않느냐고 생각할지도 모르겠다. 하지만 그건 시신이 미라 상태가 아닐 경우에 해당하는 이야기이다. 미라화는 조직이 탈수되어 일어나는 과정이다. 따라서 하지(下肢) 전체가 뻣뻣하게 건조되어 톱질을 하지 않는 이상 움직일 수가 없다. 당연히 다리를 펴지 못했고, 그렇게 그 시신은 영구차 창문에 무릎이 선명하게 보이는 상태로 도시를 가로질렀다.

일단 시신이 부검용 탁자에 놓이자, 시신에 아무런 변형이 보이지 않고 구멍이나 균열 역시 보이지 않았지만 행여나 박혀 있을지 모를 발사체를 찾기 위해 엑스레이 촬영을 시작했다. 그런 다음 부검하는 데 별다른 어려움이 없는 시신 뒷면을 검사했다. 시신은 바닥에 등을 대고 누워 있는 상태로 발견되었는데, 이는 몸이 지면과 접촉한 덕분에 그 부위에 습도가 어느 정도 유지되었음을 의미했다. 갈비뼈를 덮은 거죽 전체가 썩어 흉곽과 척추가 뚜렷이 보였다. 흉곽 안의 내용물이 전혀 보이지 않는 것으로 미루어 몸 내부가 비었음을 추정할 수 있었다.

다음으로 시신을 뒤집어 안을 열어 보았다. 몸 중앙부를 절개하고 조직을 분리해 각각 양쪽으로 젖혀 고정하는 전통적인 부검 방식대로 하려면 굉장한 힘이 필요하다. 미라화된 탓에 신체 조직이 모두 말라 돌처럼 단단해진 이후에는 그렇게 하는 것이 아예 불가능하다. 그래서 나는 피부 겉면을 덩어리로 자르는 방식을 택했다. 간단치 않았다. 메스 날 여러 개를 부러뜨리고 나서야 석고 톱을 사용해야겠다는 생각이 들었다. 그런 조건에서는 메스보다 석고 톱이 훨씬 효과적이다. 마침내 흉부를 열었고, 등 부분을 검사하면서 아까 추정했던 것을 확인했다. 내용물이 아무것도 없었다. 그런 다음 복부를 열었고, 간 근처와 한쪽 신장 근처에서 건조된 조직 덩어리 몇 개를 발견했다. 다른 것은 모두 부패해서 액화한 후 사라졌다. 두개골을 열어 보니 동일한 광경이 기다리고 있었다. 뇌막의 건조된 잔해 몇 개만 남아 있었다.

하지만 장기들은 모두 어디로 갔을까? 고대 이집트인들은 시신을 보존하려면 장기를 모두 비워 내야 한다는 걸 알고 있었다. 체액이 많으면 미라화에 방해가 되기 때문이다. 그들은 망자의 시신에서 장기를 전부 적출해 '카노푸스의 단지'에 담았다. 심지어 콧구멍을 통해 코뼈 윗부분에 구멍을 내고 두개골을 부서뜨려 두개골 안의 뇌까지 끄집어냈다. 액화해서 작은 갈고리로 추출했다. 그런 다음 장기와 뇌를 비워 낸 시신을 나트론 용액으로 세척한 후 리넨 붕대로 감싸 건조했다.

부검 결과 법적 차원에서 보고할 것이 아무것도 없었다. 자연사일 수도 있지만, 시신이 부패한 탓에 정확한 것은 밝혀낼 수 없었다. 의심스러운 흔적이 발견되지는 않았지만, 교살이나 중독 같은 사인(死因)이 있었더라도 어쩔 수 없이 놓칠 정도로 부패가 진행된 후였다.

사망 시각을 판정하는 일이 남았다. 미라화된 시신의 경우, 사망 시각을 추정하는 유일한 방법은 시신에 존재하는 곤충들을 조사하거나 법의곤충학의 도움을 받는 것이다. 리에주 출신의 세계적인 곤충학자 마르셀 르클레르 박사의 도움을 다시 한번 구하기로 했다. 그는 시신에서 발견된 다양한 곤충들의 진화를 추적한 뒤 사망 시각을 시신이 발견되기 547일 전, 즉 1년 182일 전으로 추정했다.

그것은 내 경력 전체에서 가장 아름다운 미라일 것이며, 그 부검 때 찍은 사진들은 지금도 법의학 사인 연구에 관한 나의 강의들을 장식하고 있다.

미라 이야기가 나왔으니, 시칠리아 팔레르모 카푸치니 광장의 카타콤베 데이 카푸치니로 잠시 여행을 떠나 보자. 16세기 말 팔레르모 남쪽에서 카푸친회 수도사들은 수도원 묘지를 비워야 했고, 다른 곳에 이장하기 위해 형제들의 시신을 파냈다. 파낸 시신 중 마흔다섯 구가 썩지 않고 미라가 되어 있었다. 카푸친회 수도사들은 그것을 신의 개입으로 여겼다. 오늘날 우리는 미라화가 매장지의 흙에 포함된 석회질의 작용 때문임을 알지만 말이다. 모든 것을 이렇게 이성적으로 설명할 수 있다는 사실이 때로는 안타깝기도 하다. 미라화된 수도사들의 시신은 전시되었고, 수도사들은 미라화 기술을 연구하기 시작했다. 그 기술은 다음과 같다. 건조실의 격자 위에 최장 8개월 동안 시신을 눕혀 놓는다. 격자 밑에는 물이 흐르도록 해 공기의 순환을 촉진한다. 그런 다음 시신을 식초로 씻고, 고인의 옷장을 관리하는 가족으로 하여금 시신에

옷을 입히게 한다. (가족은 위령의 날에 고인의 옷을 갈아입히는 일도 담당했다.) 그렇게 만들어진 미라는 벽감이나 알코브에 안치되었는데, 그런 자리들은 그곳에 전시되기를 원하는 사람들에게 예약 판매되었다. 나중에 죽은 후 제대로 안치될지 확인하기 위해 미리 자리를 잡는 것은 드문 일이 아니었다. 나중에는 지하 납골당이 확장되고 고인의 미라들이 계급별로, 심지어 직업별로 배치되었다. 그곳에 가면 사제, 형제, 자유 직업인 등의 전시실과 순결한 상태로 죽은 소녀들을 위한 전시실을 볼 수 있다. 그곳에 안치된 시신은 약 8000구이다.

그것은 필시 그 8000구의 시신들에게 죽음을 속이는 방법이었을 것이다. 19세기에 법이 제정되어 이러한 관행을 금지했지만, 1920년 2세의 나이로 사망한 여아의 시신 등 특별히 잘 보존된 시신이 아직도 몇 구 남아 있다.

수도원 또는 오래된 카푸친회 수도원을 방문할 기회가 있으면 주저하지 말고 납골당에 가 보라. 실망하지 않을 것이다.

10

사람을 먹는 동물들

 돼지가 인간을 공격하고 잡아먹는 영화 「한니발」과 「람보」를 보지 않은 사람이 있을까? 우리는 그런 일이 단지 영화 속 장면일 뿐이라고, 영화를 더욱 드라마틱하게 만들기 위해 시나리오 작가들이 현실을 왜곡하여 만들어 낸 장면이라고 생각한다. 하지만……

 "안녕하세요, 박사님? 어느 농부가 자기 아내를 돼지들에게 던져 준 것 같은데, 어떻게 하면 좋을까요?" 가능한 모든 것을 예상해 볼 수 있고, 다년간의 경험으로 일에 익숙해졌지만 결코 잊지 못할 전화 통화가 있는데, 이 통화가 그중 하나였다.

 장과 조제프라는 두 농부가 있었다. 그들은 토지 문제 때문에 분쟁을 겪었는데, 해결을 보지 못한 채 코르시카 사람도 얼굴이 창백해질 정도의 분노와 증오로 싸우고 있었다. 장과 조제프는 이웃이어서 언덕 너머로 서로를 염탐할 수 있었다. 장이 여자의 시신을 들쳐 메고 돼지 우리에 던지는 모습을 목격하던 날까지 조제프는 기꺼이 그렇게 했고, 현장에 도착한 경찰에게 즉시 신고했다.

장은 그 지역 경찰들이 익히 알고 있는 인물이었다. 진즉에 정신적으로 문제를 보였고 정신과 의사에게 진찰을 받았다. 행인들에게 위협적이고 공격적인 태도를 보여 경찰에 신고가 들어갔던 것이다. 장은 순수한 백인은 아니었다.

장의 아내 잔을 찾아봤지만 어디에도 없었다. 그녀는 운전을 하지 않았고 면허증도 없었다. 그러니 차를 운전해서 떠날 수는 없었다. 어딘가에 간 것도 아니었다. 신분증이 집에 그대로 있었으니 말이다. 돼지 우리에는 시체의 일부도 피도 옷도 심지어 찢긴 조각 하나도 없었다. 경찰이 돼지 우리를 조사한 뒤 집 안도 살펴보았지만, 몸싸움의 흔적이나 혈흔도 발견하지 못했다. 간단히 말해 아무것도 발견하지 못했다. 조제프가 신고하지 않았다면 아마 수년 동안 헛되이 잔을 찾아 헤맸을 것이다.

도대체 잔은 어디에 있는 걸까? 장은 묵묵부답이었다. 알아들을 수 없는 말을 중얼거릴 뿐 수사에 도움이 되는 대답은 없었다. 병원으로 이송해 한동안 정신과 의사의 관찰을 받게 해야 할 정도로 상태가 안 좋아 보였다.

전화를 걸어 상황을 설명하자 검사 대리는 나만큼이나 놀랐다. 그런 상황을 한 번도 겪어 본 적이 없는 그는 어떻게 하면 좋겠느냐고 나에게 되물었다. 경찰이 확인한 후 검찰에서 나에게 업무 지시를 내릴 때까지 평균 한두 시간이 걸리는— 이번 사건을 통해 이것을 다시 확인했다— 점을 감안해, 그에게 가장 큰 돼지 한 마리를 즉시 도살하게 해 달라고 요청했다.

사인을 찾아내지는 못하더라도 적어도 돼지의 위장에서 신원을 확인할 수 있는 무언가라도 찾으려면 소화가 더 진행되기 전에 도살해야 했다. 수의사가 와서 돼지를 잠재우고 위세척을 해서 내용물을 꺼낼 때까지 기다릴 시간이 없었다. 왜 가장 큰 돼지를 도살해야 하는가에 대해서는 의문의 여지가 없었다. 평소 내가 모든 사람이 이해할 수 있도록 간단하게 표현하듯 "몸집이 크면 게걸스럽게 먹기 때문이다." 물론 질병이 있는 경우는 제외하고 말이다. 그러므로 가장 큰 돼지의 위장에서 시체의 일부를 찾아낼 가능성이 컸다.

경찰은 돼지를 도살한다는 생각에 그리 우호적이지 않았다. 충분히 이해되는 바였다. 하지만 돼지를 죽이든가, 아니면 내일 날이 밝자마자 돼지의 대변을 파헤쳐 돼지가 소화할 수 없는 유일한 성분인 치아와 머리카락을 찾을 수밖에 없다고 설명하니 바로 마음을 바꾸었다. 치아와 머리카락을 통해 유전자 분석을 할 수 있고, 신원 확인을 위해 그 일은 절대적으로 필요했다. 다행스럽게도 그 관할 구역의 경찰들 중에 전직 도축업자가 있었고, 그는 빠르게 나서서 돼지를 죽여 동료들을 구원해 주었다.

도중에 나는 수의사 필리프 쉬테르에게 전화를 걸어, 돼지의 위가 어디에 있는지 물었다. 그는 여러 해가 지난 뒤에도 그 통화를 기억할 터였다. 나는 다음과 같은 대답을 들었다. "사람과 똑같습니다." 이 대답이 상황을 한층 간단하게 만들어 주었다.

현장에 도착하니 뭔가 흥분된 분위기였다. 죽은 돼지를 현장에 남겨 놓은 채 살아남은 돼지들을 다른 우리로 옮겼다. 연구소 직원들이 돼지 우리에서 샘플 몇 개를 채취한 뒤, 다음 단계를 위해 나에게 자리를 내주었다.

나는 돼지의 배를 열었고, 거기서 수많은 조각들을 발견했다. 큰 조각들은 3~5세제곱센티미터였다. 인간의 신체인지 아닌지는 식별할 수 없었다. 그래서 DNA 분석을 위해 일부 조각들을 채취했다. 그 조각들은 많지 않았으며, 피해자가 죽은 채로 돼지 우리 안에 던져졌는지 산 채로 던져졌는지, 심지어 어떻게 죽었는지조차 알려 주지 않았다.

연구소 직원들이 집 전체를 조사했지만, 그 전에 경찰이 조사했던 때와 마찬가지로 무슨 일이 일어났는지 단서가 될 만한 것은 아무것도 찾지 못했다. 수수께끼는 그대로 남았다. 우리가 허구가 아니라 현실 속에 있듯이 앞으로도 계속 그럴 터였다.

얼마 후, 장은 적절한 정신과 치료를 받은 덕분에 무기력한 상태에서 벗어났다. 이유를 설명할 수는 없지만 잔이 죽었고 자기가 그녀를 돼지들에게 던졌다고 분명하게 말했다.

수사판사가 장의 진료 기록을 읽고 그의 진술의 신뢰성을 정신과 의사와 함께 평가해 달라고 나에게 요청했다. 입원 당시 장은 급성 정신 착란으로 진단되는 정신 장애를 보였다. 이후 그 증상은 상당히 빠르게 호전되었으며, 그가 했던 특이한 행동을 설명해 주었다.

물론 의혹은 계속되었고, 우리가 신중하게 작성한 보고서는 아무도 설득하지 못했다. 특히 장의 진술에 대해서는 경찰도 검찰도 납득하지 못했다.

사건이 발생하고 며칠 후, DNA 분석 결과가 나와 돼지 배 속에서 채취한 조각들이 잔의 신체의 일부임이 확인되었다. 그러나 잔의 사망 원인을 특정할 수는 없었기 때문에, 이 사건에 대한 조사는 증거 부족으로 그쯤에서 일단락되었다. 현장 조사에서 의심스러운 점이 전혀 발견되지 않았고, 장이 그녀를 돼지에게 던졌을 때 그녀가 살아 있었는지, 이제는 급성 정신 착란에서 회복된 장이 당시에 어떤 행동을 했는지 특정할 수가 없었다.

이것은 매우 실망스러운 이야기이다. 잔의 시체를 돼지가 먹었다는 것 말고는 결정적인 증거가 아무것도 나오지 않았기 때문이다. 이렇듯 법의학은 한계가 있고 모든 질문에 답을 내놓지는 못한다는 사실 때문에 이 사건이 나에게 씁쓸한 뒷맛을 남기긴 했지만, 나는 법의학을 독특한 것으로 만드는 이 특별한 성격이 마음에 든다.

돼지만 인간을 공격한다고 생각하지 마라! 가장 흔한 예만 들어도 멧돼지, 개, 고양이, 쥐 등 인간을 공격하는 동물은 많다. 특히 멧돼지는 숲속에 버려진 시체를 공격한다. 이 경우 일반적으로 유골이 마치 퍼즐 조각처럼 넓은 면적에 흩어져 있는 것을 볼 수 있다. 멧돼지들이 시신에서 떼어 낸 조각들을 다른 동물들에게서 멀리 떨어진 곳으로 가져가 편하게 먹은 탓에 나타나는 현상이다. 텔레비전에 많이 나오는 것처럼, 일부 품종의 개들도 빼놓을 수 없다. 이 개들은 인간이나 다른 동물을 공격하는 경우가 있다. 어느 60대 여성이 아들의 반려견인 핏불 종 개에게 먹이를 주고 있었는데, 그 개가 갑자기 달려들어 잡아먹은 일이 있었다. 여성의 머리가 몸에서 분리된 채 발견되었고, 경추 부분은 발견되지 않았다.

다음의 이야기가 보여 주듯, 일부 개들은 주인이 죽으면 극심한 스트레스를 받는다. 한 남자가 정원을 가꾸던 중 사망했는데, 그때 그가 키우던 도베르만 두 마리가 거기에 함께 있었다. 몇 시간 동안 집을 비웠던 아내가 전화를 받지 않는 그를 찾아 나섰다. 마침내 그가 의식을 잃은 채 채소밭 옆에 쓰러져 있는 것을 발견하고 응급 구조대에 전화를 걸었고, 응급 구조대가 와서 그가 사망했는데…… 양손이 없어졌다는 사실을 확인했다. 이 사건에 의문을 품은 검사 대리가 나에게 시신을 조사해 어떻게 된 일인지 밝혀 달라고 했다. 시신을 조사한 결과, 손이 사후에 절단됐다는 걸 알 수 있었고, 잘린 양손이 없어진 것에 대해서는 개들이 먹었을 거라는 추정 외에는 다른 설명을 찾아내지 못했다. 치안판사가 수의사를 호출했고, 수의사는 어떤 종의 개들은 주인이 깨워도 정신을 차리지 못하면 그런 식으로 행동한다고 설명했다.

고양이 역시 시신의 귀나 코 같은 연골 부위를 공격해 씹기도 한다. 그러나 그 이상의 피해는 결코 입히지 않는다. 인간을 먹느니 차라리 가만히 굶어 죽는다.

남은 것은…… 쥐뿐이다. 쥐들은 도처에 있다. 특히 우리가 음식 쓰레기를 배출해 그들에게 엄청난 양의 식량을 제공하기 때문에, 인간들이 활동하는 곳에는 쥐가 많다. 쥐들은 일반적으로 흉골 바로 위 목에서 시작해 흉강을 관통해서 시신을 공격한다.

언젠가 그런 구멍이 나 있는 시신을 살펴보는데, 어디선가 쥐 한 마리가 쏜살같이 부검실로 뛰어 들어오는 바람에 비명이 난무하고 나와 함께 있던 인턴이 기절한 적이 있다. 쥐를 찾아내 죽이려 했지만 도저히 찾지 못했고, 쥐가 부검실에 남아 있을 경우에 대비해 건물 전체에 쥐약을 살포해야 했다. 만약 그 쥐가 우리 부검실에 보관된 다른 시신들을 공격했다면 매우 난처했을 것이다.

11

인간의 상상력에는 한계가 없다

　플로랑은 삶을 그만 끝내기로 결심했다. 충동에서 나온 결심도 변덕도 아니었다. 생각하고, 숙고하고, 여러 가지를 고려했다. 그는 60대이고, 2년 전 회사가 구조조정을 하면서 퇴직했다. 아이들은 좋은 직장을 다니며 안정된 생활을 하고 있었고, 결혼 후 30년이 흐르면서 사랑은 습관 같은 것이 되어 버렸다. 더 이상 삶의 목적이나 목표가 없었기 때문에 인생이 다 끝난 것처럼 느껴졌다. 그는 원하던 모든 것을 가졌다. 아내, 집, 아이들, 좋아하는 일. 그리고 이제는 아무것도 없었다. 그러니 엔지니어인 그의 가차 없는 논리로 볼 때는 모든 것이 끝난 셈이었다.

　가족들은 지루함에 지쳐 가는 플로랑의 모습을 지켜볼 뿐이었지만 최근 그는 웬일인지 잘 지내는 듯 보였다. 사실 그것은 플로랑이 마음의 결정을 내렸기 때문이었다. 그는 사후 장기기증을 하기 위해 시내에 갔다. 안내 데스크의 여성은 그의 선택을 치하했다. "물론 한참 뒤에 실행될 테지만요, 선생님." 플로랑은 이미 그 날짜와 시간까지 알고 있었지만 그걸 입 밖에 내지는 않았다.

그런 다음 공증인 사무실에 들러 유언장을 맡겼다. 유언장에서 그는 모든 것을 아내 폴레트에게 남겼다. 최근 수년 동안 그는 그녀를 사랑하지 않았지만, 그녀는 그의 친구이고 평생의 동반자였다. 그러니 모든 것이 그녀에게 돌아가기를 바랐다.

장례식과 관련해서 그는 장식이 없고 십자가도 박히지 않은 아름다운 하얀 나무 관을 골랐다. 그는 확고한 무신론자였다. 관 값을 지불하고 장례 비용도 미리 지불했다.

그리고 주치의를 방문했다. 일주일 안에 죽을 텐데 의사의 검진이 무슨 소용이냐? 좋은 질문이다. 그러나 평소 그는 심장의 상태를 확인하기 위해 정기적으로 병원에 갔고, 그것은 오래전에 잡아 둔 진료 예약이었다. 플로랑은 몇 년 전 심장에 심장 박동 조율기를 설치했다. 심방이 더 이상 수축하지 않아 세동이 발생했고, 그 심방 세동으로 인해 혈전이 생겨 폐 색전증이나 뇌졸중을 일으킬 위험이 있었기 때문이다.

주치의는 지난 30년 동안 플로랑을 진찰해 왔고, 플로랑은 그 의사가 경력 초기에 만난 환자들 중 한 명이었다. 그는 병원에 자주 오지는 않았다. 심장이 조금 약한 것 말고는 건강했기 때문이다. 대기실에서 플로랑은 다음과 같은 문구가 쓰여 있는 작은 포스터를 보았다. "자살을 생각하고 계십니까? 의사와 상담하세요." 플로랑은 참을성 있게 자기 차례를 기다렸다. 의사와의 진료 약속은 결코 정확히 지켜지는 법이 없으며, 특히 플로랑의 주치의 폴 박사의 경우에는 환자가 환자라는 이름에 걸맞게 행동하고 인내심을 가져야 했다. 플로랑은 불평하지 않았다. 정부가 의사 수를 줄이면 환자 수도 줄어들 거라 생각해 이 전문직에 대한 접근을 제한하기로 결정한 후로 일반의 수가 점점 줄어드는 상황에서, 일반의의 진찰을 받을 수 있는 것만도 다행이었다. 장의사 수를 줄이면 사망자 수도 줄어들 거라는 생각만큼이나 어리석은 생각이었다. 정부의 그런 어리석은 결정은 플로랑에게 국가의 이익을 위해 국민의 건강을 희생시키려는 멍청한 무리에게 투표해서는 안 된다는 확신을 주었다. 사실 정부의 결정은 정반대여야 했다.

마침내 폴 박사가 플로랑을 진료실로 불렀다. 플로랑은 평소처럼 옷을 벗었고 박사는 그를 진찰했다.

"별문제 없습니다. 다른 곳은 괜찮나요?"

"네, 선생님. 괜찮습니다."

"우울한 기분은요?"

"선생님께서 약을 처방해 주신 이후로 훨씬 나아졌습니다."

사실 플로랑은 우울증 약을 먹다가 곧 중단했다. 그 약이 자신을 약하게 만든다고 느꼈기 때문이다. 하지만 폴 박사에게는 절대로 말하지 않았다.

"선생님, 돌아오는 화요일 오전 8시쯤 저 때문에 오는 전화를 받게 되실 거예요."

"아, 그래요? 미리 알려 주셔서 좋긴 하지만, 왜 저한테 전화를 하려고 하세요?"

"제가 아니라 제 아내가 전화할 겁니다, 선생님. 알게 되시겠지만요."

"심각한 일은 아니죠?"

"중요한 일은 아니에요." 의사는 더 캐묻지 않았다. 다른 환자들도 보아야 했고 플로랑의 성격을 잘 알고 있었으므로 더 이상 말하지 않았다.

"네, 그럼 화요일 아침에 뵙겠습니다."

"네, 그러시지요. 화요일에요."

폴레트가 매주 일요일마다 그랬듯이 가족을 전부 불러 모았다. 한동안 그러지 않았는데 플로랑이 모처럼 웃어서 그녀는 기분이 좋았다. 플로랑은 그를 할비라고 부르는 어린 손주 네 명과 함께 놀았다. 모든 것이 아주 좋았다. 가족들은 알아채지 못했지만, 헤어질 때 플로랑은 그들을 양팔로 꼭 껴안으며 마지막 작별 인사를 했다.

9시 30분, 전화벨이 울렸다. 나는 당직 근무 중이었다. "안녕하세요, 박사님? 조금 특별한 사망 사건이 발생했으니 가 보시면 좋겠습니다." 나는 곧장 출발했다. 20분 거리였고 곧 도착할 터였다. 현장에 도착한 후, 나는 언제나 그러듯 경찰차를 찾았다. 차를 세우고 현관문 쪽으로 가자, 경찰이 급히 나타나 플로랑의 시신이 있는 차고로 나를 데려갔다. 그렇게 깨끗한 차고는 본 적이 없었다. 매끄러운 콘크리트 바닥에는 얼룩 한 점 없었고, 도구들은 모두 벽에, 기호로 표시해 놓은 각각의 자리에 완벽하게 정리되어 있었다. 나는 고인이 굉장히 꼼꼼한 사람이었을 거라고, 그리고 십중팔구 약간의 편집증이 있었을 거라고 생각했다.

플로랑의 시신은 팔다리가 몸통과 나란히 놓인 채 바닥의 담요 위에 있었다. 그의 아내가 그런 자세로 있는 그를 발견했고 아무것에도 손대지 않았다. 폴레트는 플로랑이 평소처럼 화장실에 가기 위해 새벽 5시쯤 일어났다고 말했다. 전립선이 문제를 일으키기 시작했고, 그런 이유로 그는 저녁에 술을 많이 마시지 않았다. 폴레트는 다시 잠이 들었고, 잠에서 깨어났을 때 플로랑이 돌아와 자기 옆에 눕지 않은 것을 깨달았다. 매우 예외적인 일이었다. 그를 찾아보고 이름을 소리쳐 불렀지만 대답이 없었다. 차는 차고에 없었다. 전날 그는 차를 차고에 넣지 않고 진입로에 세워 두었다. 차는 여전히 진입로에 있었고, 그의 재킷과 그 안의 신분증도 모두 그대로였다. 그렇다면 플로랑은 밖이 아니라 집 안에 있는 것이 분명했다. 폴레트는 걱정스러운 마음으로 플로랑을 찾았다. 도대체 그에게 무슨 일이 일어났기에 대답이 없는 걸까? 그가 연장들을 정리해 두고 간단한 작업을 하는 공간으로도 사용하는 차고 안에 들어간 그녀는 의식이 없는 남편을 발견했다. 즉시 폴 박사에게 전화를 걸었다. 화요일 아침 8시 10분이었다.

폴 박사가 도착했고, 플로랑의 몸을 잠시 만져 본 뒤 몇 시간 전에 사망한 것 같다고 확인해 주었다. 바로 그 순간, 나흘 전 플로랑과 나눈 대화의 의미가 온전히 이해되었다. 불행하게도 당시에는 짐작하지 못했다. 하지만 짐작했다 하더라도 무엇을 할 수 있었겠는가? 누군가가 그런 결심을 하면, 그 사람이 목적을 달성하지 못하도록 막을 방법은 없다. 폴 박사는 사망 진단서를 작성하고 경찰에 전화했다. 명백한 자살이었다. 폴 박사는 폴레트를 위로하며 함께 경찰을 기다렸다.

시신 옆에는 가지런히 정리한 서류들과 그가 공증인에게 제출한 유언장의 사본, 장기 적출 동의서, 그리고 닷새 전 서명한 장의사와의 계약서가 놓여 있었다. 모든 것이 잘 정리되어 있어서 사인을 찾아 주변을 뒤질 필요가 없었다.

폴레트는 이해하지 못했다. 플로랑은 일주일 전부터 상태가 좋아졌고 심지어 웃음도 되찾았으니 말이다. 폴 박사는 자살 직전에 그런 변화가 많이 일어난다고 그녀에게 설명했다. 삶을 끝내기로 마음을 정하면 그 사실에 안도감을 느껴 오히려 상태가 좋아진다고.

그제야 폴레트는 모든 것을 이해할 수 있었다. 플로랑은 너무나 따뜻한 태도로 자녀들과 손주들에게 작별 인사를 했고, 일주일쯤 전부터 아내인 그녀에게도 많은 기쁨을 주었다. 그의 그런 변화는 실제로 삶의 끝을 알리고 있었다. 이런 경우 우리는 대개 아무것도 보지 못하고 아무것도 눈치채지 못한 것에 대해 자책한다. 폴레트도 그랬다. 하지만 그녀가 어떻게 눈치챌 수 있었겠는가? 아무도 아무것도 알지 못했다. 그녀는 그런 고통을 안겨 준 플로랑을 원망했다.

시신 옆에는 열린 구급 상자, 절단용 펜치, 바늘이 달린 빈 주사기와 커터도 있었다. 절단용 펜치에 특별한 점은 없었다. 반면 커터에는 부검 때 피부를 절개하면 메스에 묻는 것과 같은 혈액과 지방액의 흔적이 보였다.

플로랑은 파자마 바지 차림에 슬리퍼를 신고 있었다. 옆에는 파자마 상의가 개켜져 있었다. 상체는 맨몸이었다. 평소 하던 대로 머리부터 조사를 시작했다. 질식의 일반적인 흔적인 청색증, 즉 혈액 내 CO_2 과다로 얼굴색이 푸르스름해진 것과 눈꺼풀의 점상 출혈이 발견되었다. 더 이상 심장으로 공급되지 않아서 쌓인 혈액의 압력으로 가느다란 정맥들이 파열되어 작고 붉은 반점들이 생긴 것이다.

목 주변에서 나는 그의 목에서도 몸에서도 보지 못했던, 끈이 묶여 있었던 듯한 흔적을 발견했다. 경찰들이 문제의 끈을 찾기 시작했고, 폴레트에게도 그것에 대해 이야기했다. 폴레트는 자신이 플로랑의 목에서 끈을 풀어 냈던 것을 반사적으로 기억해 내고 그것을 작업대 위에 놓았다. 혈액을 채취할 때 팔에 묶는 고무끈으로, 플로랑 옆에 놓인 구급 상자 안에 들어 있던 것이었다. 구급 상자를 가져온 사람은 폴레트도 아니고 폴 박사도 아니었다. 폴레트가 처음 시체를 발견했을 때 이미 그곳에 있었다.

흉부에서 심장 박동 조율기의 케이블이 드러나 있는 5센티미터 길이의 상처가 발견되었다. 시신 옆에 놓인 커터처럼 날카로운 도구에 의해 생긴 상처로, 흉부에 그 상처를 내는 과정에서 칼날이 더러워졌을 가능성이 컸다. 케이블 역시 한눈에 보기에도 '손을 댄' 것 같았다. 부분적으로 잘린 흔적이 발견되었기 때문이다. 케이블을 자르려고 시도했지만 성공하지 못한 것이다.

상지(上肢)들을 살펴보니, 왼쪽 팔꿈치의 주름에 주사를 맞아 부어오른 듯한 흔적이 있었다. 한눈에 봐도 혈종은 아니었다. 그 부분을 손으로 만져 보니 따닥따닥 하는 소리가 났다. 공기 소리였다. 피부 아래에 공기가 차 있었다. 공기가 든 주사기를 이용해 주사를 놓았을 때 일어나는 일이었다.

시신에 다른 손상은 보이지 않았으므로, 무슨 일이 일어났는지 알아내기 위해 발견한 흔적들을 토대로 해석을 해야 했다. 처음에 든 생각은 플로랑이 심장에 문제가 생겨 자신이 죽을 수 있도록 심장 박동 조율기의 케이블을 자르려고 했다는 것이었다. 그럴듯한 생각이었지만, 심방 세동을 방지하기 위해 심장 박동 조율기를 설치한 거라면 혈전이 생기기까지 몇 달에서 몇 년까지 기다려야 할 것이고, 심지어 그다지 치명적이지 않은 뇌혈관 장애가 일어날 수도 있었을 것이다. 그러니 그것은 사실상 그럴듯한 생각이 아니었다. 게다가 심장 박동 조율기의 케이블은 저항력이 무척 강해서, 성능이 좋은 절단용 펜치를 사용해도 자르려면 엄청난 힘이 필요하다. 그는 성공하지 못하고 포기했다.

두 번째로 든 생각은 그가 주사기로 정맥에 공기를 주입하여 가스 색전증을 일으키려고 했다는 것이었다. 그러기 위해 그는 구급 상자 안에 든 혈관 압박기를 사용해 상완 정맥에 혈액이 들어오는 것을 차단하고, 주사기에 공기를 채운 다음 바늘을 꽂아 팔꿈치 주름의 정맥에 찔러 공기를 주입하려고 했다. 그러나 불행하게도 정맥을 발견하지 못하고 피하에 공기를 주입하는 바람에 피하 기종이라고 불리는 현상만 일어났다. 문제의 부위를 만져 보니 그것이 감지되었다. 하지만 정맥을 발견해 공기를 제대로 주입했어도 그는 죽지 않았을 것이다. 죽음을 초래할 만큼 심각한 혈전을 일으키기에는 5cc 주사기의 용량이 너무 작기 때문이다.

마지막으로, 그는 고무 끈을 필사적으로 목에 걸어 조이고 매듭으로 고정했다. 그런 식으로 앞에서 언급한 청색증과 점상 출혈의 원인인 질식을 일으킨 것이다.

분명 플로랑은 죽기로 결심했다.

"안녕하세요, 박사님? ○○거리에서 중년 여성의 시신을 살펴봐 주실 수 있을까요? 목을 맸는데, 이상한 흔적이 있습니다."

분명히 말하지만, 현장에 나간 일반의는 보통 자신이 보는 것과 관련해 약간의 상실감을 느낀다. 앞서 나가지 않는 것이 좋다. 모를 때 모른다고 말하는 것은 부끄러운 일이 아니며 오히려 현명한 일이다.

그녀는 석 주 만에 친족들 중 세 번째로 자살했기 때문에, 고인의 가족이 사는 동네에 가는 것이 익숙해지기 시작했다. 이런 식이라면 얼마 지나지 않아 그 가족 중에 남는 사람이 없을 것이다.

평소처럼 경찰차를 보고 주차를 하니, 경찰 한 명이 나를 맞으러 왔다. 내 차는 그 지역 경찰들에게 잘 알려져 있었다. 4년의 리스 기간이 끝나고 내가 차를 바꾸었을 때 그들은 매우 당황했다.

"박사님 맞나요?"

"네, 네, 걱정하지 마세요. 얼마 전에 차를 바꿨어요."

"아, 그렇군요. 무서웠어요!"

대관절 무엇이 무서웠던 걸까? 물어봤어야 했다.

경찰은 시신이 어떻게 발견되었는지 나에게 설명해 주었다. 항상 비슷하다. 전화를 받지 않아서 주변 사람이 걱정했고, 경찰을 보내 집 문을 강제로 열어 수색하다 시신을 발견했다. 마르틴의 경우 지하실 천장의 파이프에 매달려 있었는데, 두 발이 바닥에 닿은 탓에 목을 맨 자세가 불완전했다. 발은 약간 축축한 걸레 위에 놓여 있었고, 근처에는 전선 두 가닥이 노출되어 공중에 매달려 있었다.

마르틴은 하얀 블라우스 차림이었는데, 왼쪽 앞부분, 심장 부위에 핏자국이 있었다. 다른 옷에는 손상이 없었다. 나는 평소처럼 가능한 한 조심스럽게 시신을 내려 바닥에 눕혔다. 그런 다음 시신의 옷을 벗기고 블라우스도 벗겼다.

검사 결과 플로랑과 동일한 이유의 청색증과 점상 출혈이 발견되었으며, 밧줄이 목에 남긴 아름다운 흔적을 볼 수 있었다. 목을 맨 경우에 남는 전형적인 자국으로, 뒤쪽으로 비스듬하고 목덜미 높이에서 끝났다. 그 평범한 흔적 말고는 아무것도 없었다.

나머지 검사에서는 심장 부위의 2~7센티미터 길이의 호(弧) 모양의 마모성 상처 다섯 개와 왼쪽 흉부 앞쪽의 지름 6밀리미터의 천공 두 개가 발견되었다.

청색증과 점상 출혈을 통해 암시된 질식을 내부의 징후들을 통해 확인하기 위해 부검이 요구되는 것은 매우 이례적인 일이다. 그래서 지름이 6밀리미터인 천공 두 개에 관심이 갔다. 그 구멍들은 가장자리가 조금 벌어져 있고, 선명하지 않았으며, 목 주름 장식을 닮은 침식성의 무언가에 둘러싸여 있었다. 그때껏 내가 한 번도 본 적이 없는 것이었고 피투성이였다. 구멍들은 피부를 뚫고 흉부 근육을 관통했는데, 하나는 갈비뼈를 부러뜨리지는 않고 생채기만 내면서 멈추었고, 다른 하나는 늑골간 안으로 들어가 구멍을 내고 왼쪽 폐의 하엽을 찢었다. 흉강이 거의 건조되었고 중요해 보이는 출혈은 없었지만, 경미한 기흉이 하나 있었다. 실제로 흉강 외부로 난 구멍을 통해 공기가 약간 침투했다. 간단히 말해, 그중 죽음을 정당화해 주는 것은 아무것도 없었다. 아직까지는 질식이 죽음을 설명해 주는 유일한 원인이었다. 또한 그 구멍들의 유래를 설명해 주는 것 역시 없었다. 그런 구멍은 발사체 또는 고전적인 천공 기구에 의해 만들어지는 것이 아니었다. 발사체나 천공 기구는 그런 유형의 상해를 남기지 않는다. 나는 이 단계에서 판단을 유보했다.

또한 양 손바닥에서 작은 직선 모양의 화상 자국이 발견되었는데, 그것들이 특별한 무언가를 상기시키지는 않았다. 현미경으로 관찰하기 위해 피부 표본을 채취했다. 부검이 끝났지만 몇 가지 질문이 남았다. 흉부 천공들은 어디서 비롯되었으며 양 손바닥의 화상은 어떻게 해서 생겼을까?

같은 날, 첫 번째 답이 나왔다. 내가 부검을 하는 동안 경찰이 마르틴의 집을 수색하다가 옷장에서 드릴이 담긴 상자를 발견했는데 놀라지 않을 수 없었다. 일반적이지 않게도 그 상자가 옷들 사이에 놓여 있었기 때문이다. 그들은 상자를 열었고, 드릴 중 하나에서 핏자국을 보았다.

나는 드릴 생각은 꿈에도 하지 못했다. 아마도 마르틴은 드릴을 이용해 가슴에 구멍을 뚫고 심장을 찌르려 했지만 성공하지 못한 것 같았다. 적절하게 실행하지 못했을 테고, 가슴을 찔렀을 때 너무도 고통스러웠을 것이다. 특히 드릴이 갈비뼈에 닿았을 때 통증이 너무 심해서 멈춘 듯했다. 또한 드릴은 피부를 관통하지 않고 다섯 번이나 미끄러졌는데, 그로 인해 내가 전에 한 번도 본 적 없고 앞으로도 다시는 보지 못할 흔적들이 남았다. 마찬가지로 듣도 보도 못한 일은 그런 일이 있고 나서 그녀가 드릴을 상자 안에 도로 넣고 상자를 제자리에 가져다 놓으려고 했다는 점이다.

채취한 표본을 현미경의 광학 장치에 올려놓았을 때 두 번째 답이 명백해졌다. 내가 채취한 피부 세포는 감전되었을 때의 전형적인 모습을 보여 주었다. 검사 결과를 보지 않고도 내가 기록했던 세부 사항들을 기억해 낼 수 있었다. 우선 시신 가까이에 전선 두 가닥이 노출되어 있었고 발밑에는 젖은 걸레가 있었다. 마르틴은 젖은 걸레를 맨발로 디딘 채 양손으로 전선을 잡아 감전사를 시도했던 것이다. 그런데 그 시도는 제대로 된 결과를 가져오지 못했다. 아마도 전기 차단기만 내려갔을 것이다. 그뿐이었다.

그녀는 이 행동들을 어떤 순서로 했을까? 아무것도 알 수 없다. 마지막 순서가 목 매기였다는 것을 제외하면 말이다. 법의학자가 이것을 반드시 확정할 필요도 없다.

인간의 상상력에는 한계가 없다. 내가 경험한 매우 놀라운 사례들 중 정말 예외적인 세 가지 경우를 더 설명하겠다.

물리학과 대학생이던 어느 20세 청년은 노출된 전깃줄을 손목에 감은 채 거실의 들보에 목을 매는 동시에 전깃줄과 연결된

스위치를 손으로 누르는 방식을 택했다. 스위치를 눌러서 전류가 흐르자 그는 감전되어 의식을 잃었고 동시에 질식했다. 영리하게도 그는 전기 차단기가 내려가지 않도록 전기 시스템에 미리 손을 써 두었다.

전기공학과 대학생이 전깃줄 두 개를 분리해 각각을 금속판에 부착하는 기발한 시스템을 이용해서 감전사와 질식사가 동시에 일어나게 한 일도 있었다. 전깃줄 한 개당 하나씩 두 개의 금속판을 몸 양쪽에 배치했다. 하나는 흉부의 심장 높이에, 다른 하나는 등에. 전류가 흐르자 감전이 일어났고, 심장의 전기적 활동에 부정적인 영향이 일어나는 동시에 목도 매달렸다.

세 번째 경우도 굉장히 예외적이었다. 불행하게도 정신 질환이 심각했고 생을 마감하기로 결심했지만, 자는 동안 죽음이 찾아와 주기를 바랐던 한 청년의 사건이다. 그는 전기에 대해 배웠고, 남성이 밤에 잠들어 있는 동안 발기한다는 것을 알았다. 그래서 매우 독창적인 시스템을 만들어 자신의 성기에 장착했다. 그 시스템을 사용하자 잠자는 동안 발기할 때 몸에 전류가 흘러 감전이 일어났다.

앞에서도 말했듯이, 인간의 상상력에는 한계가 없다.

12

자살처럼 보이는 죽음

1897년, 저명한 사회학자 에밀 뒤르켐은 자신의 저서 『자살』에서 "모든 사회는 매년 일정 건수의 자살을 발생시킨다."라고 썼다. 그의 말이 옳다. 해마다 자살 건수는 거의 변하지 않는다. 자살하는 방식도 마찬가지다. 남성의 가장 흔한 자살 방법이 목을 매는 것인 반면, 음독은 여성의 전유물이다.

모든 법의학자는 자살 사건을 보는 데 익숙하다. 심지어 자살은 법의학자들의 일용할 양식이다. 자살 현장을 살펴보는 일은 매우 중요하다. 많이 볼수록 작은 세부를 통해 자살로 위장한 살인 사건을 발견해 낼 가능성이 높아지기 때문이다.

필리프와 나탈리는 결혼한 지 수년이 되었으며, 이웃들의 말에 따르면 그 무엇에도 방해받지 않는 흠 잡을 데 없이 행복한 삶을 영위했다. 그들은 운하와 접한 작은 집에 살았고, 창문을 통해 매일 바지선과 다른 배들이 지나가는 것을 구경했다. 필리프는 그 풍경을 정말 좋아했다. 그 풍경은 그의 마음을 달래 주고 즐겁게 해 주었다. 배를 보고 있노라면, 기차가 지나가는 모습을 구경하는 소가 된 듯한 느낌도 조금 들었지만 신경 쓰지 않았다. 필리프는 대중교통 회사에서 고객 불만 사항을 관리하는 일을 했다. 그래서 하루 종일 불평하는 사람들을 만나고 보고, 그들의 이야기를 들었다. 정기권이 작동하지 않는다, 버스 기사가 무례하다, 기사가 너무 급하게 브레이크를 밟는 바람에 넘어졌다 등등. 그런 일과가 끝나면 배들의 모습이 그의 마음을 진정시켜 주었다.

나탈리는 집에 없었다. 필리프가 퇴근해서 집에 왔을 때 그녀가 집에 없던 적이 몇 번 있었다. 그가 예전에 했던 추가 근무를 상쇄하기 위해 오늘 평소보다 일찍 퇴근한 것도 사실이다. 상사가 추가 근무 수당을 지급하지 않으려 했기 때문에, 필리프는 한동안 단축 근무를 함으로써 스스로 보상했다. 집 안이 말끔하고, 냉장고 안도 가득 차 있다. 나탈리가 벌써 장을 봐 온 것이다. 나탈리는 회계사였다. 그녀는 작은 회사에서 일했는데, 회사가 너무 빨리 성장하는 바람에 희생양이 되었다. 그 결과 주중 특정한 요일에 재택 근무를 할 수 있게 허락받았다. 사무실 공간이 충분하지 않았지만 당장은 확장할 계획이 없었기 때문이다. 사장은 빠르게 거둔 성공이 고갈되거나 바람 빠지듯 사그라지지 않는다는 것을 확인하고 싶어 했다.

얼마 후 집에 돌아온 나탈리는 필리프가 벌써 손에 적포도주 한 잔을 들고 테라스에 앉아 배들을 바라보고 있는 것을 보고 놀랐다. 그녀는 한껏 예쁘게 치장한 모습이었다. 집에서 일하니 이상하네요. 하지만 좋아요. 나탈리가 아양을 부렸고, 필리프는 기분이 좋아졌다. 필리프는 이웃들이 귀가하는 모습을 보며 손을 흔들었고, 이웃들도 답 인사를 해 주었다. 이것이 이웃들이 본 필리프의 마지막 모습이었다.

이제 필리프는 죽었다. 나탈리가 아침에 일어나 그를 발견하고 즉시 응급 구조대에 알렸고, 현장에 도착한 구조대는 그가 경직되어 있으며 사망의 모든 징후를 보이는 것을 확인했다. 그들은 매뉴얼에 따라 아무것도 건드리지 않고 그를 매달린 상태 그대로 두었다.

환자를 위해 할 수 있는 일이 없어지는 순간부터는 아무런 조치도 취하지 말아야 한다. 응급 구조대의 개입 때문에 범죄 현장이 훼손되는 경우를 여러 번 보지 않았는가? 우리가 익히 알고 있는, 살아 있는 사람이나 살아날 가능성이 있는 사람에게 반드시 해야 하는 처치를 해야 할 여지는 없었다. 사냥총에 맞아 뇌가 2미터 이상 날아간 피해자의 옷자락을 들어 올려 전극을 배치하는 일이 무슨 소용이 있겠는가? 사람이 뇌 없이는 살지 못한다. 간혹 예외가 있긴 하지만.

어떤 사람이 총기 범죄 현장에서 아무것도 발견하지 못하자 큼직한 손으로 탄피를 모두 모아 둔 경우도 있다. 그 고약한 행동으로 인해 탄피에서 지문을 채취할 가능성과 탄피들이 있던 위치를 기준으로 총 쏜 사람의 위치를 구체화할 가능성이 모두 사라져 버렸다.

　"안녕하세요, 박사님? 목을 매 사망한 사람이 있어요. 특별한 사항은 없지만 혹시 모르니 가서 좀 봐 주셨으면 합니다." 혹시 모르는 차원을 넘어서는 일이었다. 당시에는 자살 사건의 경우 특별한 사항이 없더라도 모두 법의학자의 조사를 거치라는 검찰의 지시가 있었기 때문이다. '아무 이유 없이' 자살하는 경우가 많은 것도 사실이지만, 법의학자의 조사는 결코 헛되지 않다. 자살 사건 조사에는 두 가지 목적이 있다. 하나는 살인이 눈에 띄지 않고 넘어가는 일을 방지하는 것이고, 다른 하나는 고인의 친족들에게 고인의 사인을 알려 주고 안심시키는 것이다. 보통 친족들은 고인의 자살을 받아들이지 못하는 경우가 많다. 그러니 그들을 안심시킬 필요가 있으며, 그것을 위해 우리가 존재하는 것이다.

　현장에 도착한 나는 나무들이 늘어선 운하의 멋진 풍경에 감탄했다. 그런 다음 매우 잘 관리된 집을 보았고, 필리프의 시신이 있는 지하실로 내려갔다. 필리프는 불완전하게 매달려 있었다. 시신의 일부가 바닥이나 지지물에 닿아 있었다는 뜻이다. 필리프의 경우 두 발이 땅에 닿고 무릎이 구부러져 있었다.

자살 사건의 90퍼센트 이상에서 불완전하게 매달린 자세를 볼 수 있다. 이것은 모두에게 이해되지 않는 일로 보인다. 사람이 자살을 하더라도 생존 본능은 존재한다. 생명이 떠나가고 있음을 느낄 때 다리를 뻗어 바닥을 디디기만 하면 구원받을 수 있는 것이다. 사실이다. 하지만 이게 다는 아니다. 목에 감긴 줄이 가하는 압력, 그리고 그에 따라 대동맥에서 뇌로 혈액을 운반하는 경동맥에 가해지는 압력으로 인한 순환 중단 때문에 뇌에 산소가 부족해져 뇌의 여러 영역의 기능이 점차로 멈춘다. 그리하여 더 이상 몸을 움직일 수 없지만 의식은 남아 있다. 이런 상태가 오래 지속되지는 않지만, 그 전으로 돌아갈 수 없도록 이 순간에 도달할 때까지 기다려야 한다.

법의학 연구소에는 한 남자가 목을 매 자살을 시도하는 모습이 담긴 비디오테이프가 있다. 젊은 직원들에게 비디오테이프는 DVD의 조상 격이다. 비디오테이프 속 남자는 성적 쾌락과 교수형을 결합한 판타지인 에로틱한 교수형을 수행한다. 남자는 좀 더 멀리 나아간다. 여성용 슬립 차림으로 가시가 달린 장미꽃을 꽂은 채 자기 자신을 촬영하고 있으니 말이다. 그가 이 판타지를 실행에 옮긴 그의 집 정원 깊숙한 곳의 캠핑용 트레일러에서 그가 행한 에로틱한 목 매기와 유사한 장면들이 담긴 수많은 비디오테이프들이 발견되었다. 이번에 그는 실수했고, 정말로 목이 매달려 죽었다. 그는 자신이 앉은 의자와 트레일러 칸막이 사이에 밧줄을 매고 목에 감은 밧줄의 압력을 높이기 위해 몸을 차츰 미끄러뜨렸다. 어느 순간 그가 너무 멀리 나아간 것을 비디오 화면을 통해 볼 수 있다. 이제 원래 상태로 돌아갈 수는 없고, 그의 눈에 공포의 빛이 어린다. 더 이상 몸을 움직일 수가 없다. 불완전한 목 매기를 통해 그는 비디오 화면 속에서 실시간으로 사망한다.

이런 경우가 대부분이다. 너무 멀리 가 버리면 죽고 싶지 않아도 돌아가지 못한다. 이런 자살 방법은 아주 오래전부터 알려졌다. 이미 1897년에 프랑스의 훌륭한 법의학자 폴 브루아르델(1837~1906년)이 교수형에 관한 저서에서 이 점을 지적했다. 그는 괴상한 온갖 종류의 불완전한 목 매기 자세를 그림으로 책에 묘사했다. 그들은 대뇌 무산소증으로, 다시 말해 뇌에 산소가 부족해져서 사망했다.

아무튼 나는 그렇게 해서 필리프의 시신을 조사하게 되었다. 목을 맨 자세 그대로 몸을 살펴본 후 옷을 벗겼다. 옷을 벗기는 작업은 시신이 바닥에 누워 있을 때보다 공중에 매달려 있을 때 더 수월하다. 그런 다음 시신을 조사했지만 의심스러운 점은 아무것도 보이지 않았다. 청색증과 점상 출혈 같은 질식의 모든 징후가 보였으므로, 그가 질식해서 죽었다는 데는 의심의 여지가 없었다.

청색증은 얼굴과 흉곽 상부의 색이 푸르스름하게 변하는 것으로, 혈액 내의 CO_2 과잉을 보여 준다. 특히 목을 맸을 때처럼 산소가 부족할 때 일어난다. 점상 출혈은 주로 눈과 결막 주위에 붉은색의 작은 반점들이 나타나는 것이다. 이는 정맥압의 증가로 혈관의 저항이 덜한 가느다란 정맥들이 터졌을 가능성을 의미한다. 점상 출혈은 살아 있는 사람이 구토를 할 때, 배변 시 변비 때문에 힘을 많이 주었을 때, 출산하느라 힘주어 아기를 밀어 낼 때도 발생한다. 또는 아기가 신경 발작이 일어나거나 온 힘을 다해 울 때도 나타난다. 따라서 점상 출혈은 목 매기만의 전형적인 징후는 아니지만 그 진단에 도움이 된다.

다음으로 필리프의 시신을 내려 바닥에 눕혔다. 이때가 위험한 순간이다. 목을 맨 줄을 자르는 순간 말이다. 시신이 제멋대로 움직일 수 있으므로, 그러다 넘어져서 새로운 상처가 생기지 않도록 잘 붙잡아야 한다. 쉽지 않았다. 필리프는 키가 180센티미터에 체중이 130킬로그램이었기 때문이다. 시신을 내린 다음, 줄에 매달린 상태에서는 제거할 수 없었던 줄과 윗옷을 제거한다. 이때가 조사에서 가장 중요한 순간, 즉 목을 맨 흔적을 발견하는 순간이다.

보통 목을 맨 자국은 위쪽과 뒤쪽을 향해 비스듬하게 생긴다. 사람이 수평으로 매달리는 경우는 거의 없고 자세도 불완전하기 때문이다. 다시 말해 줄이 목덜미 부위에는 닿지 않고 목 앞쪽과 측면에 압력을 가해 양동이 손잡이 모양 같은 자국을 만든다.

필리프의 경우가 그러했고, 모든 상처가 매우 중요했다. 다시 말해 그 상처들은 필리프가 살아 있는 상태에서 생겼다. 이는 목을 맬 당시 그가 살아 있었음을 뜻한다. 그러나 문제가 하나 있었다. 매달려 있는 동안 줄이 위아래로 미끄러진 듯 목 옆 부분에 줄의 폭보다 훨씬 넓은 찰과상이 있었던 것이다. 그때껏 나는 불완전하게 매달린 시신에서는 그런 자국을 본 적이 없고, 완전하게 매달린 시신에서만 본 적이 있었다.

발이 땅에 닿지 않게 완전히 목을 맨 경우는 우리가 조사하는 사례의 10퍼센트 미만으로 꽤나 드물다. 또한 그런 경우라 하더라도 질식이 아닌 경추 골절이나 척수 절단 또는 압박으로 사망할 수 있다. 척추 안에는 뇌와 다른 신체 기관들을 연결해 주는 척수가 지나간다. 이 연결이 끊기면 끊긴 위치에 따라 신체의 다른 부분들에 정보가 전달되지 않는다. 예를 들어 요추 부위를 다치면 하반신이 마비되어 하지(下肢)를 움직이지 못하고, 경추 부분을 다치면 사지가 마비되어 팔다리를 움직이는 능력을 잃게 된다. 경추 윗부분이 절단되면 즉사한다.

다음은 앵글로색슨족이 법원의 판결에 따라 교수형을 실행한 방식이다. 우선 사형수를 뚜껑문 위에 서게 한 뒤 줄로 목을 묶고 발에 추를 달았다. 그런 다음 바닥의 뚜껑문을 열면 밧줄이 장력을 가하게 되고 몸의 무게에 추의 무게가 더해져 척추와 척수가 완전히 부러져 즉사했다. 그런데 필리프의 경우 완전하게 목을 맨 경우가 아님이 확실했다. 그러니 다른 이유를 찾아야 했다.

그의 목에 감긴 줄은 열 손실을 막기 위해 석고와 석면으로 덮은 적당한 직경의 난방 파이프 위를 통과했다. 살펴보니 파이프에 덮인 석고가 꽤 깊이 파여 사라진 상태였다. 흔히 볼 수 있듯 압축된 것이 아니라, 아예 뜯겨 나가고 없었다. 줄을 조사하니 줄의 상당 부분에 석고가 묻은 흔적이 있었다. 필리프의 몸이 들어 올려졌다는 뜻이었다. 난방 파이프 위로 지나가는 줄에 목이 묶인 후 들어 올려져 불완전하게 매달린 것이다. 이 시나리오를 통해 그의 목 옆 부분에 생긴 찰과상이 왜 그렇게 넓은지 이해할 수 있었다. 그 상처는 필리프의 몸을 끌어 올리는 동안 줄이 목에서 미끄러지면서 생긴 마찰로 인한 것이었으며, 난방 파이프에 덮여 있던 석고가 없어진 것도 마찬가지로 이해할 수 있었다. 필리프의 몸무게로 인해 줄이 심하게 마찰해서 열이 발생한 것이다. 이런 사실이 밝혀지자 우리는 살인 가능성에 직면하게 되었고, 정황상 유력 용의자는 나탈리뿐이었다. 그러나 나탈리는 체중이 60킬로그램 정도고 필리프는 130킬로그램에 달했다. 그녀 혼자서는 그를 들어 올릴 수 없고 다른 사람의 도움이 필요했을 것이다.

이런 사실을 검사에게 보고하자 검사가 수사판사와 사법 경찰에게 연락했고, 한 시간도 안 돼 그들이 모두 도착했다. 그들이 도착하기 직전에 나탈리는 상황이 자신이 원한 대로 흘러가지 않는다는 걸 알아차렸다. 내가 위의 사실을 확인한 후 긴장감이 고조되었고, 그녀에 대한 경찰들의 공감 어린 태도에도 갑자기 변화가 생겼기 때문이다. 처음에 그녀에게 인사한 뒤 나를 기다리지 않고 자리를 떴던 그들의 상사가 다시 돌아온 것도 이상했다.

사람들이 도착하기를 기다리면서 나는 줄의 매듭을 살펴보았다. 목을 맨 사건의 경우, 실제로 우리는 희생자를 내리기 위해 줄을 자를 때, 매듭을 보존할 수 있도록 매듭과 거리를 두고 자른다. 그런데 그 매듭은 매우 특별했다. 처음 보는 매듭이었다. 나는 늘 매듭 묶는 데 소질이 없었다. 그래서 보이스카우트 활동을 할 때 매듭 묶기를 가장 기피했다. 매듭을 정확하게 묶는 방법을 전혀 몰랐고 그것 때문에 꽤나 짜증이 났다. 뭔가를 해내는 방법에 대한 간단명료한 격언이 있다. 우물에 들어가라, 그러면 우물에서 나오게 될 것이다 등등.

나는 판사의 허락을 받아 그 매듭 사진을 와츠앱(WhatsApp)을 통해 한 친구에게 보냈다. 그 친구는 배를 타기 때문에 매듭에 대해 잘 알았다. 친구는 그것이 내륙 항해에 사용되는 매듭인데 명칭은 잊어버렸다고 즉시 답해 주었다. 그런데 필리프는 배를 탄 적이 없었다. 배들이 지나가는 모습을 보는 것은 확실히 좋아했지만, 실제로 배를 타 본 경험은 전혀 없었다. 그러므로 합리적으로 생각할 때 그 매듭은 그가 묶은 것이 아니었다.

나는 부검을 실시해 목을 맬 당시 필리프가 살아 있었다는 것과 사건이 일어나기 조금 전 식사를 했다는 사실도 확인했다. 음식물이 거의 소화되지 않은 상태로 위장 안에 있었기 때문이다. 메뉴가 무엇이었는지까지 알아낼 수 있을 정도였다. 게다가 부검 결과 다른 폭력은 없었음이 확인되었다. 특히 누군가 그를 매달 목적으로 타격을 가하지는 않았다. 하지만 어쨌든 매달았으니, 매달 당시 그에게 의식이 없었던 것은 확실했다. 유일한 방법은 그를 잠재우는 것이었다. 나는 그의 혈액, 소변, 간, 신장, 그리고 위의 내용물을 채취해 독성학 연구실로 보내 분석하게 했다. 또한 부검실에서 면역효소학 시스템으로 소변을 분석했는데, 정확한 복용량은 알 수 없지만 수면제인 벤조디아제핀 성분이 검출되었다. 독성학 연구실에서는 이 성분의 화합물인 로르메타제팜의 존재를 확인해 주었다. 이 약물의 검출량은 필리프만큼 체중이 나가는 남성을 잠들게 하기에 충분했다. 그것이 위 속 내용물에서 발견된 것으로 미루어 볼 때, 필리프가 식사를 통해 벤조디아제핀 성분을 복용했다고 결론 내릴 수 있었다.

따라서 나는 나머지 검사 결과들을 기다리지 않고 필리프가 식사 중에 벤조디아제핀을 복용하고 잠들었으며 상해 없이 지하실로 옮겨져 목에 줄이 감겼다고 결론 내렸다. 그의 몸이 들어 올려질 때 줄이 난방 파이프 위를 지나갔고, 마찰로 인해 목 옆 부분에 넓은 찰과상이 생겼다. 정황상 틀림없이 나탈리가 한 일이었지만, 필리프의 몸을 옮기고 들어 올리고 끌어 올리는 일은 배에 대해 아는 사람의 도움을 받은 듯했다. 그리고 그 집 바로 맞은편에 바지선이 다니는 운하가 있었다.

조사를 통해 나탈리에게 바지선 노동자로 일하는 연인이 있고 그가 필리프를 살해하는 데 도움을 주었다는 사실을 밝혀내기까지는 그리 오랜 시간이 걸리지 않았다. 금전 문제와 더불어 살인의 고전적이고 진부한 동기인 치정 문제였다. '아랫도리와 돈'이라는 말에 잘 표현되어 있듯이 너무나 오래되고 잘 알려진 동기여서 모르는 사람이 없을 것 같다.

필리프 사건은 그리 독특하지 않다. 우리는 그런 사건들을 밝혀낼 수 있는 수단을 최대한 동원해야 하며, 법의학자가 할 일을 누가 봐도 의심스러운 경우로만 제한해서는 안 된다. 법의학자의 개입이 없었다면 필리프 사건은 은폐될 수도 있었다.

나는 온갖 종류의 목 맨 현장을 보았다. 여장을 한 채 거리가 내다보이는 발코니에서 목을 맨 청년처럼 지나가는 행인들이 모두 보는 앞에서 메시지를 전하며 목을 매는 사람들도 있다. 그 청년은 가족들이 그의 진정한 정체성을 숨기도록 강요했고 그의 본모습을 억압했다는 메시지를 전한 것이다. 가족들은 남들과 다를 수 있는 그의 권리를 인정하지 않은 채, 그가 미쳤다고 생각하고 심리 치료를 받도록 강요하기까지 했다.

약혼녀와 함께 마련한 집에서 목을 매 자살한 청년도 있다. 그는 그녀가 몇 시에 귀가할지 알고 있었고 음식을 준비했다. 그녀가 집에 도착했을 때는 식탁이 마련되고 식사 준비가 끝나 있었다. 그리고 그녀는 중이층에 그가 매달려 있는 것을 발견했다. 그의 시신이 식탁 바로 옆에 늘어져 있었다. 그가 보낸 메시지는 우리에게는 분명하지 않았지만 그녀에게는 의심의 여지 없이 분명했다.

불행한 사람들의 자살 사건이 매일같이 일어난다. 그중에는 모든 것을 미리 계획하는 조직적인 사람들도 있다. 탁자 위에 신분증, 유언장, 주택 관련 서류, 비용을 이미 지불한 장례 계약서가 놓여 있다. 그런 결단력을 목격할 때면 언제나 깊은 인상을 받게 된다. 심지어 자신의 무덤이 꽃으로 장식되길 원해서 죽은 뒤 도착하도록 꽃을 주문해 놓은 사람도 있었다.

가까운 사람들에게 해를 끼치는 것에 대해 미안해하면서도 삶이 너무도 고통스러워서 더 이상 살 수 없다고 믿는 사람들이 있다.

불안 발작, 즉 공황 발작으로 인해 되도록 빨리 도망치고 싶은 욕구 때문에 자살을 시도하기도 한다. 이런 사람들은 아무런 메시지도 남기지 않은 채, 때로는 밤중에 잠에서 깨어 목을 매거나 창밖으로 몸을 던지거나 총을 쏘는 등 예상치 못하고 준비되지 않은 갑작스러운 방법으로 자살한다.

서툰 사람들도 있다. 어떤 남자는 목을 매는 동시에 머리에 총을 쏘아 죽을 계획을 세웠다. 그는 10층 건물에 살았고, 목을 맬 장소로 테라스를 선택했다. 의자 위에 올라가 테라스 천장에 밧줄을 달았다. 하지만 밧줄의 길이가 조금 짧아서 의자 위에 머물면서 목을 매야 했다. 그리고 22LR 소총(구경이 6밀리미터에 달하는)을 입에 넣고 발사하려 했다. 그런데 불행하게도 그의 팔이 소총의 방아쇠를 당기기에는 조금 짧아서 총을 비스듬히 잡아야 했다. 애매한 위치에서 발사된 총알은 그의 두개골을 관통하지 않고 밧줄을 끊으며 왼쪽 뺨, 즉 끊어진 밧줄 바로 앞을 통과했다. 그 바람에 남자는 균형을 잃고 의자에서 떨어졌고, 머리가 바닥에 세게 부딪혀 두개골 골절로 사망했다.

13

어떻게 불태웠을까?

밤 10시에 중앙 경찰서 문이 열리더니, 수염이 텁수룩한 남자가 작은 가방을 들고 들어왔다. 마리우스였다. 별로 깨끗하지는 않지만 그가 가진 가장 좋은 옷인 파란 줄이 들어간 흰색 트레이닝복 차림이었다. 마리우스는 20여 년 전 마약에 빠진 이후로 스스로를 거의 돌보지 않았다. 그는 접수 담당 직원이 지키고 있는 창구로 걸어갔다. '이건 또 뭐지?' 남자의 꼴사나운 행색을 본 직원은 달갑지 않은 마음에 속으로 중얼거렸다.

"저기, 아내를 죽인 일 때문에 왔습니다."

"아, 그럼 아내분은 지금 어디에 계신가요?"

"불태웠어요."

"아! 아내분을 어디서 불태우셨는데요?"

"정원에서요. 2년 전에."

'미쳤군, 미친 사람이야.' 직원은 생각했다. 이런 시간에 다른 사람들을 귀찮게 하면 안 돼. 이런 일로 당직 경찰을 부르면 또 질책을 들을 거야.

"제 말 잘 들으세요. 지금 여기에는 아무도 없습니다. 그러니 내일 아침에 다시 오세요. 그때 뵙겠습니다."

"아, 그렇군요. 그럼 뭐, 됐어요!"

마리우스는 약간 화가 난 채 경찰서에서 나왔다. 경찰이 자기 말을 믿지 않고 자기를 바보 취급 하는 것 같았기 때문이다. 마리우스는 걸어서 도시를 가로질러 헌병대에 가기로 했다. 가방까지 들었고 꽤 긴 여정이었지만, 아무것도 그를 막지 못했다. 이왕 자수하기로 결심했으니 자백을 들어 줄 사람을 찾아낼 작정이었다.

헌병대에 가 보니 경찰서와는 시스템이 사뭇 달랐다. 들어가면 뒤에서 자동으로 잠기는 문 두 개를 통과해야 했다. 그러고 나니 카운터의 접수 담당 직원이 그에게 인사했다.

"안녕하세요, 선생님. 무얼 도와드릴까요?" 마리우스는 색다른 응대 방식에 깊은 인상을 받았다.

"저기, 제가 2년 전에 아내를 죽였습니다. 정원에서 불태웠어요."

"산 채로요?"

"아뇨, 아니에요. 그 전에 목을 졸랐어요."

"아, 그렇군요! 여기 앉으세요. 진술을 받을 담당자를 불러오겠습니다." 마리우스는 자리에 앉았다.

5분도 지나지 않아 다른 헌병이 와서 자신을 소개했다. "안녕하세요, 선생님. 아내분의 죽음에 관해 진술을 들을 담당자입니다. 저를 따라와 주시겠습니까?" 마리우스는 자기 인생에서 가장 중요한 심문을 받기 위해 자리에서 일어났다. 그것은 이제 진술이 아니라 속죄 행위였다. 마리우스는 어느 것 하나 빠뜨리지 않고 모든 것을 세세히 설명했으며, 그를 심문하는 헌병의 모든 질문에 매우 친절하게 답변했다. 심문은 오전 5시에 끝났다. 그는 모든 것을 말했고, 기분이 좋아졌으며, 홀가분한 미소를 지었다. 헌병은 당직 치안판사에게 연락했다.

"안녕하세요, 필리프? 혹시 주무시고 계셨나요?"

새벽 5시 30분이고, 내가 자고 있을지도 모른다고 생각하는 구나! 사실 당직일 때는 깊이 잠을 자지 못한다. 무슨 일이 생기면 언제든 깨어야 해서 '선잠'을 자기 때문이다. 치안판사가 그 사건의 모든 것을 나에게 말해 주었다. 마리우스는 집에 있는 가구를 거의 전부 땔감으로 사용해 정원에서 아내를 불태웠다. 마리우스의 진술에 따르면, 무단 거주자가 많은 매우 황폐한 그 동네에서 이웃들은 아무것도 눈치채지 못했다고 한다. 마리우스의 아내는 마리우스와 마찬가지로 심각한 마약 중독자였다.

"개인이 시체를 불에 태워 없애 버릴 수가 있나요?"

"쉽지 않지만 가능하긴 합니다."

가정용 가구를 사용해 그렇게 할 수 있는지, 필요한 목재의 양은 어느 정도인지 등 필요한 수단에 관한 것에서부터 토론이 시작되었다. 당시 내가 답을 제시하지 못한 실질적인 질문들이었다.

당시에는 불에 탄 사람의 유골에 관한 문헌도, 그 분야에 대한 특별한 교육도 전혀 없었다. 그 이후 법의학 관련 문헌이 전체적으로 발전했고, 나는 국내의 다른 법의학자들과 함께 레이던대학교의 마트 교수에게서 불에 탄 인간의 유골에 관한 교육을 받았다. 레이던대학교는 가장 풍부한 로마 무덤 유적 컬렉션을 소장하고 있다. 로마인들은 죽은 뒤 화장되었고, 그들의 유골은 모아져 레이던대학교가 물려받은 유골 항아리에 담겼다. 수백 명의 유골이 있고, 마트 교수가 그들의 수호자다. 그는 이것을 연구와 출판의 주제로 삼았고, 법의학자와 법의인류학자 들에게 교육했다.

그러나 마리우스가 범행을 자백하러 왔을 당시 이 교육은 아직 존재하지 않았고 나 역시 이 교육을 받지 못했다. 마리우스 사건에 대한 조사는 계속되었다. 지난 5년 동안 마리우스의 아내 나딘의 흔적은 전혀 없었다. 사실상 어떤 레이더에도 포착되지 않았다. 그녀는 사회적 삶에서 자취를 감추었고, 실업 급여, 지역 복지 센터, 상호 보험, 검은 성모[13] 등 어떤 시스템에도 속하지 않았다. 이런 일은 사회 시스템에 속하지 않고 걱정해 주는 사람도 없는,

특히 가족이 없는 마약 중독자들에게 자주 발생한다. 나딘에게는 외할머니 마르그리트가 있었는데, 그 노인은 거동이 어렵고 알츠하이머병을 앓고 있어서 접촉이 쉽지 않았다. 게다가 나딘은 자동차가 없고 은행 카드도 없고 휴대폰도 오래전에 잃어버렸기 때문에 찾을 방법이 없었다. 검찰은 난감한 상황에 빠졌다. 나딘이 아직 살아 있다는 증거도 죽었다는 증거도 없었기 때문이다.

마리우스는 구치소에 갇혔고, 그곳에서 편안하게 지냈다. 매일 먹을 것이 있었고, 환경도 좋았으며, 자신과 같은 마약 중독자 친구들도 사귀었다. 그는 구치소에서 나가고 싶은 마음이 전혀 없었다. 매달 열리는 의회 회의에 불려가자 석방될까 봐 두려워하기까지 했다. 하지만 그가 나가기 싫어한다고 해서 타당한 이유 없이 그를 계속 가둬 둘 수는 없었다. 의회 회의에 호출되었다는 것은, 검찰이 설득력 있는 증거를 제시하지 못할 경우 마리우스가 한 달 안에 석방되리라는 걸 의미했다. 검찰은 이 사건을 수사판사에게 넘겼다.

통보를 받자마자 예심 판사가 나에게 연락을 해 왔고, 간단한 논의 후 나도 이틀 뒤로 예정된 마리우스의 심문에 참여하기로 했다. 그와의 만남이 기대되었다. 그에게 묻고 싶은 것이 많았기 때문이다.

---

13 사회보장 장애인국의 옛 명칭. 벨기에서 장애인을 공식적으로 인정해주는 기관.

사건 당시 마리우스는 나딘과 격렬한 논쟁을 벌였고, 코카인을 복용한 상태에서 나딘을 목 졸라 죽였다. 다음 날, 그는 정원에서 시체를 태워 없애기로 했다. 어둠이 내리기를 기다렸다가, 찾아낼 수 있는 나뭇조각들을 전부 모아 쌓아 놓고 침대 시트에 싸인 나딘의 시신을 그 위에 놓았다. 그런 다음 양철통에 담긴 휘발유 5리터를 붓고 불을 붙였다. 시신이 생각만큼 잘 타지 않아서 마리우스는 놀랐다. 땔감이 더 필요했다. 침대 옆 탁자 두 개, 서랍장 하나, 식기장 하나, 거실 탁자, 찬장, 의자 네 개 등 집 안의 많은 가구를 가져다 써야 했다. 다음 날 아침 6시에도 큰 뼛조각들과 두개골이 여전히 남아 있었고, 마리우스는 망치로 그것들을 부순 다음 전부 모아 쓰레기통에 버렸다.

마리우스는 정원을 깨끗이 청소했고, 이후 흘러간 시간을 고려하면 현장에는 아무것도 남지 않았을 테지만, 그래도 확인해 보는 것이 좋을 듯했다. 정원을 수색해서 나딘의 유해를 찾기 위해 DVI에 전화를 했다. 면적 15제곱미터의 작은 도시 정원이었다. DVI와 함께 그곳에 가서 정원 지면에서 잔해를 찾았지만 아무것도 발견하지 못했다. DVI는 정원의 흙을 일정한 깊이까지 체로 쳐 볼 것을 제안했다. 체로 쳐 본 결과 사람의 치아가 발견되었지만 뼛조각의 흔적은 없었다. 치과 전문의인 에디에게 그 치아를 맡겨 유전 암호를 제공하는 DNA 분석을 위해 치수(齒髓)[14]를 추출하게 했다. 그 치아가 나딘의 것이 맞는지 확인해야 했다. 그런

데 집 안에 그녀의 물건이 존재하지 않았다. 그녀 소유의 얼마 안 되는 물건들을 마리우스가 전부 없애 버렸기 때문이다. 치아에서 나온 DNA를 나딘과 유전 암호의 일부를 공유하고 있을 가족의 DNA와 비교해 보는 방법이 남아 있었다. 하지만 불행하게도 그녀의 가족은 외할머니인 마르그리트뿐이었고, 할머니와 손녀 사이의 거리를 감안하면, 그리고 비교할 수 있는 혈육이 없다는 점을 고려할 때 제대로 된 결과가 나올 확률은 낮았다. 그래도 아무도 없는 것보다는 나았다. 비교 결과 그 치아는 마르그리트 집안 사람의 것일 가능성이 있는 것으로 나타났다. 마침내 조사에 진전이 보였다.

  마리우스가 나딘의 시신을 불태운 과정이 진실인지 여부는 아직 확인되지 않았다. 심각한 마약 중독자들이 대개 그렇듯이 나딘의 치아는 저절로 빠졌을 것이다. 치아 상실은 헤로인의 주요 영향이다. 그러므로 그녀는 죽기 전 정원에서 치아 하나를 잃었을 수도 있다. 우리는 시신을 과학 연구에 활용한 후 화장하기로 서약한 기증자 중 몸무게가 60킬로그램 정도 나가는 여성이 있는지 시신 기증 기관에 문의했다. 대답은 긍정적이었고, 해당 기증자의 시신이 나에게 맡겨졌다. 마리우스의 진술이 사실인지 확인하기 위해, 나는 나딘과 체중이 같은 여성 시신을 태워 보기로 했다. 나

---

14 치강 속에 가득 차 있는 부드럽고 연한 조직.

딘의 체중에 대해서는 마리우스의 진술에 의지할 수밖에 없었다. 하지만 아쉽게도 그 일에 대한 허가를 받지 못했다.

    마리우스는 형사 법정에서 재판을 받았다. 그리고 유죄 판결이 나자 무척 기뻐했다. 그는 더 이상 변호를 받고 싶지 않다고 국선 변호인에게 말했다. 변호사는 그 말에 따랐고, 마리우스는 징역 15년 형을 선고받았다.

    몇 년 뒤 나는 마트 교수의 강의를 듣게 되었다. 다행스러운 일이었다. 정말 필요한 강의였기 때문이다.

    장프랑수아는 며칠 동안 아무런 생활 반응을 보이지 않았고, 그의 회사 사장은 걱정이 되었다. 그는 장프랑수아에게 여러 번 전화를 걸었지만 응답을 받지 못했다. 통화 연결음이 계속 울리다가 음성 사서함으로 넘어갈 때까지 계속 전화기를 들고 있었다. "지금은 통화할 수 없습니다. 번호를 남겨 주시면 전화드리겠습니다." 그러나 장프랑수아는 전화하지 않았다. 참으로 이상한 일이었다. 평소의 그라면 그렇게 행동하지 않을 것이기 때문이었다. 장프랑수아는 아내와 별거에 들어가 혼자 살고 있었기 때문에, 사장은 그에게 무슨 일이 생긴 것이 틀림없다고 여겨 경찰에 전화를 걸었다. 아무래도 그에게 무슨 일이 일어난 것 같다고 신고했다. 경찰은 아무것도 모른 채 '염려스러운 실종'으로 보고 수색에 나섰다. 장프랑수아의 집에 가서 문이 잠겨 있는 것을 확인한 경찰은 열쇠 복사본을 가지고 있는 수위에게 부탁해 그의 아파트 현관문을 열게 했다. 집 안에 장프랑수아의 흔적은 없었다. 신분증도 없고, 자동차 열쇠도 없고, 차고에 차도 없었다. 그들은 경찰서장에게 알렸고, 경찰서장은 검찰에 알렸으며, 검찰은 해당 사건의 서류를 수사판사에게 제출했다. 우선 신용카드, 휴대 전화, 자동차 GPS 추적기를 통해 실종자의 움직임을 파악하는 숙제가 주어졌다. 조사 결과가 나오기까지는 그리 오래 걸리지 않았다. 사흘 동안 신용카드를 사용한 흔적이 전혀 없었고 휴대 전화도 꺼져 있어서 더 이상 추적할 수 없었다. 우리는 그가 법원의 판결에 따라 지난 석 달 동안 아내의 집 근처 시내 어느 구역에서 혼자 생활 했음을 알고 있었다. 자동차 GPS 추적기를 살펴보니, 자동차는 그의 전처 집 앞에 주차되어 있었다.

"안녕하세요, 부인. 경찰입니다." 이런 소개말을 옆에서 들을 때면 항상 재미있다는 생각이 든다. 그들은 제복 차림으로 나타나고, 혹시 사람들에게 광대로 오해받을까 봐 경찰이라고 소개하는 듯하다. 장프랑수아의 아내 로랑스가 문을 열었다. 전남편의 차가 문 앞에 있었기 때문에, 그녀는 그들을 보고도 크게 놀라지 않았다. 그녀는 자동차를 옮기고 싶었을 테지만 차가 고장 난 상태였다. "잠깐 들어가도 될까요? 부인의 전남편에 관한 일입니다." 질문을 받자 로랑스는 자신이 장프랑수아를 죽였다고 자백했다. 그를 죽인 다음 화목난로에 태워 버렸다는 것이다. 거실에 있는 화목난로로, 거실 벽난로에 연결해서 사용하게 되어 있었다. 경찰은 믿을 수가 없었다. "어떻게 사람을 화목난로에 태울 수 있습니까? 그건 불가능해요." 수사판사는 정신과 전문의에게 연락해 로랑스를 만나 본 뒤 의견을 말해 달라고 요청했다. 정신과 전문의의 의견은 분명했다. 로랑스가 꾸며낸 이야기라는 것. 그럼에도 불구하고 수사판사는 여전히 큰 문제를 끌어안고 있었다. 장프랑수아가 사라졌고 신용카드를 사용한 흔적이 없고 휴대 전화도 계속 사용하지 않는 것으로 보아, 그가 어디엔가 살아 있다고 추론할 수는 없었다. 모든 지표가 그가 사망했음을 암시했다. 게다가 로랑스는 자신이 그를 죽였다고 지속적으로 주장했다. 그러나 그녀의 세부 진술은 수사관들을 당황스럽게 만들었다. 상황을 좀 더 명확히 보기 위해 수사판사는 사건을 재구성해 보기로 결정했고, 그녀가 이야기를 꾸며냈다고 말한 정신과 의사와 나를 호출했다. 나는 약간 당황했다. 시신이 존재하지 않았으므로 무엇을 가져가야 할지 알 수 없었기 때문이다.

그곳은 시내의 매우 아름다운 구역이었고, 집도 매우 예쁘고 관리가 잘되어 있었다. 평소 치안판사의 요청에 따라 내가 외근을 나가는 곳들과는 상당히 달랐다. 사건의 재구성은 어느 방에서 시작되었다. 로랑스의 진술에 따르면, 그 방에서 다소 폭력적인 논쟁이 일어났다고 했다. 석 달 전부터 별거를 해 왔음에도 로랑스에게 연인이 있다는 사실을 알고 장프랑수아가 로랑스를 때렸기 때문이다. 사실 장프랑수아는 별거를 원하지 않았다. 그래서 로랑스는 남편에 대한 퇴거 명령을 받아 내기 위해 법적 조치를 취했으며 그 명령이 시행되었다. 그렇게 그 방에서 주먹질이 오갔고, 그런 다음에는 아래층 주방에서 다툼이 계속되었다. 주방에서 로랑스는 폭력적인 구타에 분노하고 생명의 위협을 느껴, 주방에 있던 도끼를 집어 들고 장프랑수아의 머리를, 그다음에는 가슴을 찍었다. 장프랑수아는 쓰러졌고, 금세 호흡을 멈췄으며, 머리와 가슴에서는 피가 그야말로 홍수처럼 쏟아져 나왔다. 로랑스의 말에 따르면, 홍해가 주방에 들이닥친 것 같았다고 했다.

몰아치던 감정에서 회복된 로랑스는 시신을 어떻게 해야 할지 자문했다. 시의적절한 질문이었다. 그녀는 자신이 살해한 남자의 아이들을 자신이 계속 돌볼 수 있도록 경찰에 신고하지 않기로 마음먹었다. 아이들에게는 아버지를 잃은 것만도 충분히 나쁜 일이라고 생각했다. 이미 결정을 내렸으므로, 그녀는 스스로를 비난하지 않았다. 다음으로는 시체를 없애야 했는데, 뻔한 이야기지만 시체를 없애는 방법은 그리 명확하지 않았다. 어떻게 해야 하지? 로랑스는 정육점에서 일한 경험이 있고, 돼지를 정육하는 방법을 알고 있었다. 남자의 몸을 잘게 자르는 것이 돼지와 비교해 많이 복잡할 것 같지는 않았다. 그녀는 도끼를 사용해 장프랑수아의 시신을 여러 조각으로 자른 뒤 식품 보관용 '신선백'에 담아 차고의 냉동고 중 하나에 보관했다. 이 모든 것이 당연한 일인 양 로랑스가 진술하는 동안, 온갖 종류의 범죄자들을 다 상대해 본 수사관들을 포함해 모든 사람들은 의심과 당혹감에 사로잡혔다.

우리를 냉장고가 있는 곳으로 데려가면서 로랑스는 피가 약간 흘러 냉장고를 청소했다고 말했다. 최근에 출시된 뷔페형 냉장고였다. 육안 검사에서는 혈액의 흔적이 보이지 않았지만 확인해 보는 편이 좋았다. 그 냉장고에서는 루미놀[15] 반응을 활용할 수 없었다. 루미놀 반응에서는 혈액 속 적혈구를 구성하는 단백질인 헤모글로빈에 함유된 철 성분을 빛으로 보여 주는데, 냉장고의 탱크에도 철 성분이 있기 때문이다. 우리는 면봉을 사용해 냉장고 내부 전체와 틈새에서 블라인드 샘플을 채취했다.

아이들이 하교했을 때 장프랑수아의 시신은 사라져 있었고, 로랑스는 냄새를 제거하기 위해 표백제로 주방 청소까지 마쳤다. 아이들은 집 앞에 아버지의 자동차가 있는 것을 보고 반가워했지만 정작 아버지를 만나지 못해 실망했다. 로랑스는 그가 몇 가지 세부 사항을 정리하기 위해 왔고, 그러고 나서 가려고 했는데 자동차의 시동이 걸리지 않아 친구가 와서 데려갔다고 설명했다. 아이들은 숙제를 했다. 저녁에 그들은 주방에서 식사를 한 뒤 8시까지 TV를 시청하다가 잠자리에 들었다. 로랑스는 길고 긴 겨울밤마다 그랬던 것처럼 화목난로에 불을 지폈다.

---

15 (원주) 철 성분과 닿으면 파란색으로 변하는 화학 물질. 이런 현상을 화학 발광이라고 부른다.

화목난로는 매우 잘 작동했으며, 심지어 무척 멋진 불꽃을 만들어 냈다. 바로 그 순간, 그녀는 남편을 거기에 태워서 없앨 생각을 떠올렸다. 아이들이 잠들 때까지 기다렸다가, 남편의 시신 조각이 담긴 비닐백 하나를 불 속에 넣어 약 두 시간 만에 완전히 태웠다. 시체를 쓰레기통에 버리는 대신 직접 없애는 해결책을 발견한 것이다. 쓰레기통에 버리면 언제라도 한두 조각 발견될 위험이 있었다. 장프랑수아는 쓰레기통 안에서 잘 지낼 테지만, 재가 되면 아무의 관심도 끌지 못할 터였다. 매일 밤 두 시간씩 장프랑수아의 시신 조각들이 작은 비닐백에 담긴 채 불태워졌고, 며칠 만에 완전히 사라져 버렸다.

이 단계에서 우리는 사실 자체보다 로랑스가 남편의 죽음과 남편의 시신을 훼손한 방법에 대해 너무도 초연하게 설명하는 모습에 훨씬 더 놀란 채 화목난로 앞에 앉아 있었다. 수사판사가 나를 돌아보며 물었다.

"박사님, 이 부인에게 질문하실 것이 있습니까?"

"물론이죠, 몇 가지 있어요." 마트 교수에게서 받은 '불에 탄 유골'에 대한 교육을 통해, 나는 로랑스가 뼈와 살이 모두 타 버린 남편의 유해에서 틀림없이 무언가를 발견했으리라는 걸 알고 있었다. 실제로 시신을 태우고 나면 항상 재 외의 무언가가 남는다. 왜냐하면 화목난로가 제 성능 이상의 에너지를 방출하지 않는 한 시신이 완전히 연소되지 않기 때문이다. 로랑스는 내 질문 하나하

나에 매우 적절히, 매우 정확하게 답변했다. 가열 온도에 따라 달라지는 뼈의 색부터 남은 조각들에 대한 설명까지 누락된 부분이 없었으며 모든 것이 정확했다. 로랑스는 거짓말을 하지도 이야기를 꾸며 내지도 않았다.

로랑스는 작은 진공청소기를 사용해 재를 제거했다. 그 일 이후로 진공청소기를 사용하지 않았기 때문에, 진공청소기를 압수해서 전문 실험실로 보내 그 안에 있는 것이 실제로 사람의 유골임을 입증할 수 있었다. 그것이 유골 조사에서 입증할 수 있는 유일한 것이다.

조사는 계속되었다. 주방 전체에서 루미놀 반응을 확인했고, DNA 분석을 위해 혈액의 흔적을 찾아 샘플을 채취했다. 연구소 사람들은 장프랑수아의 아파트로 가서 그의 빗에서 머리카락을 채취해 로랑스의 집 주방과 냉장고에서 채취한 혈액의 DNA와 비교했다. 냉장고에서 채취한 혈액 샘플에서 DNA를 분석해 낼 수 있었다. 모든 것이 일치했다. 그것은 장프랑수아의 피였다.

사건을 재구성하던 중에 내가 그녀에게 물었다. "부인, 말해 보십시오. 특별히 불에 태우기 어려운 부위가 있었나요?" 그녀가 대답했다. "오, 맞아요, 박사님. 머리요. 머리를 네 번이나 불 속에 넣어야 했어요."

대단한 로랑스.

14

총알 구멍이 알려주는 것

　권총이나 리볼버(때로는 소구경)로 무장한 영웅이 희생자를 쏘고 희생자는 마치 기관총에 맞고 쓰러진 듯 몸속의 피를 분수처럼 내뿜으며 뒤로 넘어가는 장면이 나오는 영화가 많다.

　나도 이런 유형의 영화를 보며 긴장을 푸는 것을 좋아하지만, 현실은 매우 다르다.

　"안녕하세요, 박사님? ○○에 가 보실 수 있을까요? 남자가 자살한 사건인데요, 자살이 아니라고 의심할 여지가 거의 없지만 확신할 수도 없어서요. 연구소 직원들과 탄도학 전문가에게는 이미 연락했어요."

　탄도학 전문가 장 자마르는 리에주시 출신의 전직 경찰관이며, 우리는 만나서 함께 출발하기로 했다. 장은 평생을 경찰에서 일한 나이 든 리에주 사람으로, 총기에 무척 관심이 많으며 검찰이 탄도학 전문가로 인정할 만큼 그 분야에 대한 실질적인 지식을 발전시켜 왔다. 당시에는 특별한 교육이 없었고, 전문가들이 현장에서 일하며 스스로 지식을 익혔다. 오늘날에도 그런 상황이 생기면 어쩌나 몹시 두렵다.

    신입 직원들에게 장의 모습은 매우 인상적이다. 일단 체격 면에서 공간을 압도한다. 눈빛과 표정은 마치 악당처럼 보인다. 처음 그를 만났을 때 나는 법의학 인턴이었고, 내가 그 분야의 전문가가 될 거라고는 아직 확신하지 못했다. 헤르스탈의 어느 카페에서 한 남자가 다른 손님이 자기 개의 꼬리를 밟고도 사과하지 않았다는 이유로 총을 쏜 사건이 있었다. 장은 그 범행에 사용된 총에 덮인 미세한 먼지층을 보고 그 남자가 진술에서 주장한 것과는 달리 그 총을 정기적으로 들고 다녔다고 말해 나에게 깊은 인상을 남겼다.

    나중에 나는 장의 보살핌이라는 세례를 받고 그와 친구가 되었다. 지금도 잊지 않고 생생히 기억하고 있는 세례다. 꼭 이런 명칭으로 말하지 않더라도 내가 여전히 간직하고 있는 기억이다. 장은 우리를 자기 집으로 초대해 최고급 술 몇 가지를 맛보게 하고 만취하게 만들었다. 사법 경찰, 연구소 직원들, 그리고 경찰이 보기에 우리는 그렇게 세례를 받았다. 장은 투명한 플라스틱 병 세 개를 가지고 부검실에 오기도 했다. 병 하나에는 노란색 액체가, 다른 하나에는 녹색 액체가, 마지막 병에는 투명한 액체가 담겨 있었다. 각각 오렌지에이드, 민트, 생수라고 했지만, 사실은 코냑, 샤르트뢰즈,[16] 그리고 페케[17]였다. 오늘날에는 부검실에 술을 반입한다는 건 생각조차 할 수 없는 일이다.

    시대는 빠르게 변하고 있다. 30년 전에는 담당 경찰과 전문가들이 부검실에 들어와 부검을 참관했다. 필요할 경우 치안판사, 왕립 검사와 수사판사, 그리고 수습 치안판사와 의사도 참석했다. 오늘날에는 부검실에 법의학자와 연구소 직원들뿐이다. 부검이 끝난 후 모두가 함께 회식을 하는 것도 드문 일이 아니었다. 그러나 이제 이런 기억은 오래전 과거의 일부가 되어 버렸다.

    "안녕하세요, 박사님. ○○에 가 보실 수 있을까요?" 이 말로 검사 대리가 나를 프랑스 국경과 가까운 아름다운 뤽상부르 지방으로 보냈다. 그곳에 도착하면서 장과 나는 해당 사건의 정황을 알게 되었다.

    고인은 매일 방문하던 이웃의 전화를 더 이상 받지 않았고, 이웃은 주방 창문을 통해 그가 오래된 집의 거실 바닥에 꼼짝 않고 누워 있는 것을 발견했다. 그는 경찰에 신고했고, 경찰은 집 안에 들어가기 위해 문을 부숴야 했다. 오래된 커다란 열쇠로 잠그게 되어 있는 낡은 문이었다. 입수 가능한 열쇠가 하나뿐이었고 자물쇠는 열쇠 두 개가 있어야 열 수 있었다. 그런데 나머지 열쇠

---

16   샤르트르 수도원에서 만드는 약초 술.
17   주니퍼베리로 만든 증류주.

가 방 안쪽 자물쇠에 꽂혀 있었기 때문에 경찰은 문을 부술 수밖에 없었다.

주방은 작은 정사각형 모양이었다. 가운데 놓인 식탁이 요즘엔 보기 힘든 노란색과 주황색이 섞인 무늬의 비닐 식탁보로 덮여 있었다. 식탁 위에 고인이 자신의 행동을 설명한 작은 메모가 있었다. 자살하는 사람들이 많이 그렇듯이, 그도 삶에 지치고 죽음을 기다리는 데 지쳐 있었다. 죽음은 아무래도 그를 잊은 듯했다. 그는 좋은 추억만 기억하기로 했다.

그의 작별 편지 옆에는 22LR의 탄약 상자가 있었다. LR은 '긴 라이플총(Long Rifle)'의 약자다. 높은 압력으로 발사되기 때문에 발사체가 더 취약해지고, 같은 구경의 다른 탄약보다 탄피가 더 길어 많은 화약을 담을 수 있다. 영국 단위로 표현한 구경(0.22인치 또는 0.5588센티미터)이므로 약 6밀리미터이다. 이런 다양한 측정 시스템은 번거롭고 많은 혼란을 야기한다. 아무튼 고인은 작은 탄약을 사용해 목숨을 끊었다. 탄약의 일부가 테이블 위에 쏟아져 나와 있고, 일부는 아직 상자 안에 있었으며, 첫 번째 탄약 중 일부는 피로 얼룩져 있었다. 이에 대해서는 다시 설명할 것이다.

고인은 식탁 바로 앞에 식탁과 평행하게 등을 대고 누워 있었다. 시신의 발 앞에는 요리용 기름과 먼지가 섞인, 기름때로 뒤덮인 수도관이 가로지르는 벽이 있었는데, 기름때의 두께를 고려할 때 여러 해에 걸쳐 쌓인 듯했다. 성인이 서 있을 때 가슴 높이쯤 되는 수도관의 수평 부분, 기름때가 제거된 곳에 수직으로 선이 그어져 있었다. 파이프가 오래전에 흰색으로 칠해졌음을 알 수 있었다. 그 벽의 왼쪽, 이 방에서 하나뿐인 창문은 움직임 없이 온전하게 닫혀 있고 단단한 막대들로 고정되어 있어서, 그 방향에서는 아무것도 찾을 수 없었다.

방으로 들어가는 입구도 하나뿐이었는데, 몸싸움의 흔적은 전혀 없고, 사람이 사는 방에서 발견할 수 있는 일상적인 너저분함만 확인될 뿐이었다.

시신 오른쪽에는 좌석용 쿠션과 등받이용 쿠션이 놓인 고리버들 의자가 있었는데, 쿠션 둘 다 왼쪽 부분은 피로 물들어 있고 오른쪽 부분은 흠 없이 깨끗했다. 의자 양쪽의 팔걸이에는 피 묻은 손을 댔다가 닦아 낸 듯한 핏자국이 남아 있었다.

응급 구조대가 나서서 고인이 입고 있던 유일한 상의인 티셔츠를 잘라 낸 뒤 가슴에 전극을 부착해 심장의 움직임을 확인했다. 다시 말해 고인이 실제로 사망했는지 확인한 것이다. 이것은 좋은 관행이다. 다른 장에서 설명한 것처럼 판단이 틀리는 경우가 꽤 많기 때문에, 공식적으로 판단을 내리기 전에 고인이 정말 죽었는지 항상 확인해야 한다. 따라서 그들의 행동은 잘한 것이지만, 다른 장에서도 설명했듯이 짜증스러운 상황이 되었다. 그들이 시신을 만지고 옷을 들어 올리면 범죄 현장을 교란해 중요한 요소를 훼손할 위험이 있기 때문이다. 다시 말해 현장의 요소들이 오염되는 것이다.

'옷을 제대로 입었다.'라는 말은 고인의 옷차림에 특별히 두드러지는 특징이 없을 때 우리가 사용하는 표현이다. 반면 티셔츠에는 발사체가 지나간 구멍이 열네 개 있고 그 주변이 불에 타 있었으며, 티셔츠 왼쪽 부분이 총알 구멍들에서 그 아래, 그리고 옆면까지 피로 덮여 있었다.

소총은 고인의 다리 사이에 있었는데, 총구가 상체를 향하고 있었다. 장이 이미 지문이 채취된 그 총을 집어 들었다. 총알 여섯 개가 들어가는, 노리쇠가 달린 22구경 소총이었다. 탄창에는 총알 네 개가 남아 있었다. 연구소 직원들이 총의 개머리판 부분에서 시신이 향하고 있는 벽의 수도관에서 제거된 것과 일치할 수 있는 기름때의 흔적을 발견했다.

이러한 관찰을 모두 마친 후에야 법의학자가 시신을 다룰 수 있다. 법의학적 조사는 항상 동일한 방법론에 따라 알몸 상태 시신의 모든 부위에서 수행된다. 이를테면 동굴 탐사용 헤드램프를 위에서 아래로 움직여 관찰한 다음 다시 아래에서 위로 움직여 관찰한다. 아무것도 놓치지 않도록 가능한 모든 기회를 확보하기 위한 것이다.

시신 앞면에서 가장 분명하게 보이는 것은 고인의 몸에 발사체가 발사된 흔적이었다. 모두 앞면 좌측 하부 및 정중앙 근처 가슴 부분, 즉 심장 부위에 몰려 있었다. 모두 열네 발의 흔적이 있었는데, 그래서 치안판사를 비롯해 연구소 직원들, 탄도학 전문가 및 법의학자도 그런 대규모 발사의 동기가 무엇인지 의문을 가졌다. 자살로 추정되는 사건에서 그렇게 여러 발 총을 쏜 경우는 본 적이 없었기 때문이다.

시신에 생긴 구멍은 발사체의 사입구가 분명했다. 발사체가 만든 구멍이 사입구인지 사출구인지 명확하게 구별하는 것은 매우 중요하다. 특히 표적 뒤에서 쏘았는지 앞에서 쏘았는지에 따라 총 쏜 사람의 법적 상황이 달라지기 때문이다.

총격이 정면에서 일어났다면, 희생자가 먼저 총으로 위협했을 수 있고 총 쏜 사람이 정당방위를 주장할 수 있다. 반면 등 뒤에서 총격이 일어난 경우, 희생자가 등을 돌린 채 위협한 것이 아닌 한, 희생자가 총으로 위협하고 총 쏜 사람이 정당방위를 시도했다는 가설은 성립하지 않는다.

사입구에는 사출구에는 없는 특성이 있다. 총알이 피부를 뚫을 때 먼저 피부를 안쪽으로 밀어 변형한다. 초속 280~380미터 또는 시속 1000~1300킬로미터의 총알 표면이 매우 높은 에너지로 피부를 마찰해 구멍 입구 주변에 마모가 일어난다. 이 마모된 부분이 작은 깃 모양 같아서 '칼라', 침식되어 있어서 '미란(靡爛)칼라'라고 부른다.

이것이 전부가 아니다. 발사체 외에 총구도 탄피 안에 든 탄약 분말의 연소로 인해 불꽃을 뿜어 낸다. 이 불꽃은 탄약 가루의 종류에 따라 길이가 평균 2센티미터 정도 된다. 총구는 아직 다 타지 않은 탄약 가루와 다 탄 가루에서 나오는 연기를 함께 내뿜는다.

피부에 대고 하는 총격을 '접사(接射)' 또는 '푸싱'이라고 하는데, 이때 피부에 찍힌 총구 자국, 연기와 탄약 가루 같은 요소들을 모두 볼 수 있다. 탄약 가루는 피부 아래, '광산실'이라고 불리는 구멍 안에서도 발견된다.

15센티미터 미만의 짧은 거리에서 총을 쏘았을 때는 대부분의 경우 모든 요소들이 피해자의 피부나 옷에서, 즉 발사체가 통과하느라 생긴 구멍 주변에서 발견된다. '포인트 블랭크'[18]에 대해서도 이야기해야 한다. 우리는 탄약 가루 또는 연기 입자의 분산 직경을 측정한다. 그러면 탄도학 전문가가 총 쏜 사람과 피해자 사이의 거리를 측정할 수 있다.

그러기 위해 탄도학 전문가는 범죄 현장과 동일한 분산 직경이 달성될 때까지 범행에 사용된 총기로 비교 사격을 수행한다. 동일한 분산 직경이 재현될 경우 그가 범인과 같은 거리에서 총을 쏘았다는 뜻이다. 이 거리보다 멀리서 총을 쏠 경우에는 총알 구멍과 미란 칼라만 발견된다. 이것은 '원사(遠射)'의 특징이다.

혈액은 총알 구멍들에서 나와 허리 앞쪽으로 흘러갔지만, 구

---

18 목표물에 바로 대고 혹은 아주 가까이에서 가한 총격.

멍에서 왼쪽 옆구리를 거쳐 뒤쪽으로도 흘러갔다.

왼팔 중간 부분의 앞쪽 내측면에 발사체가 들어간 또 다른 흔적이 있었다. 나온 흔적은 없는 것으로 보아 발사체는 여전히 팔 속에 있는 듯했다. 왼쪽 상지를 살펴보니 발사체가 들어갈 때의 충격으로 상완골이 부러진 것을 감지할 수 있었다. 따라서 발사체가 왼쪽 팔 속에 들어가 상완골을 부러뜨린 뒤 발사 속도와 역량을 전부 소진하고 뼈 근처 어딘가에서 멈췄다고 추론할 수 있었다.

시신의 손바닥이 피로 얼룩져 있었으며 몸 앞면에 다른 심각한 상처는 없었다. 나는 연구소 직원에게 각각의 상처를 사진 촬영 하게 했다.

그런 다음 몸 뒷면의 검사를 진행할 수 있었다. 내가 주목하는 상처들은 모두 팔 아래, 흉부 왼쪽 측면에 있었다. 발사체 사출구와 반상 출혈, 두 유형이었다. 사출구에는 사입구와 같은 특성이 없으며 형태는 원형, 타원형 또는 들쭉날쭉한 모양일 수 있다. 이 사건의 경우 사출구들의 모양이 모두 명확한 형태 없이 들쭉날쭉했다.

이때부터 우리는 조사의 둘째 단계, 즉 발견된 징후들을 해석하는 단계로 들어갔다. 앞면의 총알 구멍들은 혼동의 여지 없이 발사체의 사입구임이 분명하고 열네 개였다. 총기는 노리쇠가 달린 소총이었고 열네 발의 총알이 사용되었다. 이는 총을 쏜 사람이 탄피를 빼내고 새 탄약을 장전하느라 열세 번 노리쇠를 열었음을, 즉 무기를 제자리로 돌려 놓고 총을 발사했음을 의미했다.

이게 다가 아니었다. 이 총의 탄창에는 총알 여섯 발이 들어갔고, 그것은 두 번 재장전을 해야 했다는 뜻이었다.

충격이 계속됨에 따라 총을 쏜 사람은 발사체의 통과로 인한 혈액 손실과 통증으로 지쳤음이 틀림없으며, 휴식을 취하기 위해서까지는 아니더라도 최소한 총기를 다시 장전하기 위해 고리버들 의자에 앉았을 것이다.

또한 자신의 상처들을 만져 보고 의자에 손을 대 자신의 피를 묻혔음이 틀림없었다. 그런 다음 피투성이가 된 양손으로 테이블 위에 놓여 있던 탄약을 재장전한 뒤 의자 팔걸이를 짚고 다시 일어섰다.

피로 때문에 그는 총의 개머리판을 기름때로 뒤덮인 주방 수도관 위에 올려놓았다. 이것이 수도관에서 발견된 파인 자국과 소총 개머리판에서 발견된 기름때의 존재를 설명해 주었다.

이렇게 모든 것이 설명되었지만, 죽기 위해서는 심장에 한 발이면 충분했을 텐데 왜 열네 발이나 쏘았는지에 대한 본질적인 미스터리가 남아 있었다. 사실이었다. 하지만 궤적이 그렇지가 않았다. 총알이 평균 신장의 성인의 신체와 수직을 이루는 축에서 발사된 경우, 발사체는 심장이 있는 흉부에 평균 5센티미터 깊이로 박힌다. 하지만 이 경우에는 발사체의 궤적이 뒤쪽과 왼쪽으로 비스듬하게 기울어져 있었다. 이 비스듬한 궤적 때문에 발사체는 심장에 닿지 않았다.

발사체들은 왼쪽 폐에 구멍을 냈고, 갈비뼈를 부러뜨렸으며, 심지어 일부는 몸을 관통해서 밖으로 나갔고, 어떤 것은 왼쪽 팔에 들어가 상완골을 골절시키기도 했다. 이는 혈관에 다량의 출혈을 유발하지 않고 폐 혈관계에만 영향을 미쳐 상대적으로 느린 내출혈을 유발했다. 왼쪽 흉막강이 약 1리터의 피로 가득 차자 그는 의식을 잃고 바닥에 쓰러졌다. 왼팔이 골절되어 총을 쏠 수 없게 된 뒤에는 그곳에 쓰러져 있지 않았다 해도 1.5~2리터의 출혈로 사망했을 것이다.

이 대목에서 의문이 생겨난다. 왜 그는 모든 총알을 비스듬하게 쏘았을까? 대답은 간단하지만 그것에 대해 생각해 봐야 한다. 몸과 수직 방향으로 놓고 총의 방아쇠를 당기기에는 그의 팔이 너무 짧았기 때문에 발사에 성공하려면 총을 비스듬히 잡아야 했다.

이 사람은 자신이 불멸이라 믿고 삶을 그만 끝내기로 결심했으며, 확실히 남다른 강인한 성격을 보여 주었다. 첫 번째 발사에 죽지 않았을 때 그가 느꼈을 놀라움과 결국 열네 발을 쏘아야 하면서 느꼈을 당혹감을 상상해 보라. 하지만 내가 조사한 다른 사례들이 덜 드러났을 뿐, 그의 사례가 유별난 것은 아니었다.

어떤 50대 남성은 행인들이 많이 지나다니는 공원 한가운데에서 총으로 자살하기로 결심했다. 증인들이 있다는 것은 우리 법의학자들에게는 정말이지 신의 선물이지만, 증인들의 입장에서 자살 장면은 그것이 유발한 모든 충격적인 점들과 함께 평생 기억 속에 새겨질 것이다.

우리의 필요에 부합하는 시신 운송 서비스가 없기 때문에 자주 현장에서 조사가 이루어지지만, 경찰과 사법부의 후속 조치가 결정되려면 무엇보다 신속한 대응이 필요하다.

검사를 하던 중 나는 시신의 입천장 높이에 발사체의 사입구가 있고 두개골 꼭대기에 사출구가 있는 것을 발견했고, 왼쪽 흉부 앞쪽, 심장 높이에 사출구가 없는 또 다른 사입구가 있는 것을 발견했다. 이 남자를 죽이기 위해 누군가 개입하지 않은 한, 첫 번째 사격이 심장 사격, 두 번째 사격은 경두개 사격이라고 분명하게 말할 수 있었다. 고인은 마치 영화에서처럼 먼저 자신의 심장을 쏘려 했고, 곧바로 죽지 않자 매우 놀랐을 거라는 생각이 다시 한번 들었다.

두개 내 총격이 반드시 즉각적인 죽음을 불러온다고 생각하지 않길 바란다. 나는 자살 장면을 촬영한 한 남자의 비디오테이프를 가지고 있다. 비디오테이프를 보기 전 나는 시신 검사에서 접사의 특성을 보이는 두 개의 사입구를 확인했다. 하나는 오른쪽 관자놀이에 있었고, 다른 하나는 입에 있었으며, 각각 왼쪽 관자놀이와 두개골 꼭대기에 사출구가 있었다. 비디오테이프를 보니 무슨 일이 일어난 건지 이해가 되었다. 비디오테이프 화면에서 고인은 영상 장비를 설치하고 의자에 앉은 뒤 오른손으로 총을 들고 오른쪽 관자놀이에 대고 눈을 감은 뒤 쏘았다. 발사의 충격으로 왼쪽 관자놀이에서 피와 살이 흘러나오고, 고인의 머리가 화면에서 사라졌다. 이후 족히 한 시간이 흐른 뒤 화면에 고인의 머리가 다시 나타났다. 그는 총을 찾으려고 더듬거리는 듯했고 결국 총을 다시 손에 넣었다. 사실 그는 더 이상 앞을 보지 못했다. 관자놀이에 총격을 가할 경우, 발사체의 궤적 안에 있는 시신경이 절단되기 때문이다. 이윽고 그가 총구를 입에 넣고 방아쇠를 당기는 모습이 보였다.

법의학에는 모든 것이 포함된다. 심지어 동굴 탐사까지. 동굴 안에 들어가 시신이 발견된 장소까지 가야 한다. 동굴 탐험가들이 일요일의 동굴 탐사 중 무시무시한 발견을 한 일이 있다.

몇 분 이동하니, 사오 미터 높이의 낭떠러지 위, 선반처럼 공중으로 튀어나온 곳에 시신이 앉아 있는 것이 보였다. 조사해 보니 시신의 오른쪽 관자놀이 부분에 총알 구멍 두 개가 있었다. 총알 구멍 주변에 총구 자국이 있는 것으로 보아 '접사'로 생긴 사입구가 틀림없었다. 반면 사출구는 없었는데, 이는 놀라운 일은 아니다. 사입구의 직경으로 볼 때 사용된 총의 구경이 작았기 때문이다. 사용된 총이 발견되지 않았기 때문에 확신할 수는 없었다. '사용된 총들'이라고 말하는 편이 더 정확할 것이다. 발견된 총알 구멍들의 직경이 같지 않았으므로, 각각 구경이 다른 총들이 사용된 것이 거의 확실했다.

작은 문제가 있었다. 시신 옆에 총이 없어서 놀랍게 보일 수 있지만, 시신이 튀어나온 낭떠러지 꼭대기에 앉아 있으니 총이 아래로 떨어졌을 수도 있었다. 우리와 동행한 동굴 탐험가들이 암벽 아래로 내려갔고, 시신이 앉아 있는 위치와 동일한 지점에서 총격에 사용된 총들을 발견했다. 6.35구경과 22구경(약 6밀리미터) 권총 두 자루로, 한쪽의 방아쇠를 당기면 두 발이 동시에 발사되는 방식으로 서로 연결되어 있었다.

이 남자는 왜 이렇게까지 복잡한 계획을 세워 자살을 시도했을까? 여기에는 의심의 여지가 없다. 실패 없이 죽을 확률을 높이고 싶어서 그런 것이다.

이런 자살 사례들은 그 예외적인 특성 때문에 놀랍다. 대부분의 경우 오랜 숙고 끝에 삶을 마감하기로 결정한 뒤, 지인들에게 언급하지 않고 경고성 징후조차 보이지 않은 채, 다시 말해 놀랄 여지조차 주지 않은 채 실행에 옮기는 것이다.

법의학적 차원에서 볼 때, 그들의 관심은 현장의 경험을 결코 대체하지 못하는 영화, 소설, 그리고 대중적 신념에 의해 증류된 선입견들에서 벗어난다. 그것은 우리로 하여금 현실, 그리고 온갖 복잡성에 직면하게 한다.

15

포크를 삼킨 남자

　피에르는 갓 학기를 마친 22세의 쾌활한 대학생으로 알코올 중독자는 아니지만 맥주를 즐겨 마셨다. 그는 손수 정성 들여 꾸민 집에서 혼자 살았으며, 친구들과 모여 실컷 맥주 마시는 것을 무척 즐겼다.
　"안녕하세요, 박사님? ○○에 가 보실 수 있겠습니까? 한 남자가 목이 아프다고 주치의에게 전화를 한 뒤 사망한 채 발견되었습니다."
　그곳에서 나는 정원용 하얀 플라스틱 테이블 앞 바닥에 누워 있는 피에르의 시신을 발견했다. 시신은 테이블의 다리 쪽에 머리를 둔 채 피 웅덩이 속에 누워 있었다.
　늘 그러듯이 나는 시신을 자세히 살펴보기 전에 집 아래층을 한 바퀴 둘러본 뒤 위층으로 올라가 그의 방을 둘러보았다. 그의 방은 보호용 철책도 난간도 없는, 시신이 있는 곳 바로 위의 층계참에 면해 있었다. 처음에 경찰은 그가 이 층계참에서 떨어졌을 거라 생각했고, 그럴 가능성도 있었다. 그러나 2층 침실 침대 옆에서 피 웅덩이가 발견되자 생각이 바뀌었다.

어떻게 그는 많은 피를 흘리며 정원 바닥에 쓰러져 있다가 다시 위층으로 올라가 거기서 피를 흘리고 다시 내려와 처음에 피를 흘린 자리에 누워서 죽었을까? 불가능한 일이었다. 그래서 법의학자인 내가 이 수수께끼를 풀어 달라는 요청을 받은 것이다.

위층 침실의 침대는 흐트러져 있었다. 침대 오른쪽에 경찰이 발견한 커다란 피 웅덩이가 있었다. 피 웅덩이의 위치는 침대 오른쪽과 가구 사이의 좁은 통로였다. 그것은 수많은 '스피튀르(spitures)'(내가 무척 좋아하는 왈롱어로 '분출물'이라는 뜻)로 둘러싸여 있었다. 이는 분출의 높이로 인해 혈액이 위에서 아래로 상당한 속도로 흘러내렸음을 뜻했다. 침대 오른쪽에 면한 가구 위에 분출된 혈액 때문에 높이를 수월하게 식별할 수 있었다. 최대 1.5미터였다.

이불 위쪽 가장자리에는 이불 자락을 손으로 잡고 옆으로 젖힌 다음 침대에서 일어난 듯 오른손의 핏자국이 찍혀 있었다.

혈액의 중력 낙하 흔적, 다시 말해 피가 어느 정도 높은 곳에서 흘러내린 자국이 침대와 침실 문 사이 바닥에 보였고, 거기서 시신이 있는 곳까지 가는 층계나 층계참, 거실 바닥에는 아무것도 보이지 않았다.

피에르는 정원용 테이블 앞에 몸을 길게 뻗고 누워 있었다. 그의 머리 주변에 인상적인 피 웅덩이가 있었다. 그리고 웅덩이 가장자리, 정원용 플라스틱 테이블의 다리가 이삼 센티미터 높이까지 피로 얼룩져 있었다. 그런데 모세관 현상, 즉 압지에 물이 흡수되는 것과 같은 현상 때문에 혈액은 플라스틱 테이블 다리에서 위로 스며 올라갈 수 없다. 다시 말해 혈액이 그 정도 높이까지 도달하려면 파도처럼 빠른 속도로 분출해야 한다.

웅덩이 끄트머리에 있는 어떤 물체가 내 주목을 끌었다. 그것은 손잡이가 잘려 나가 없고 원래 넷이었던 갈래 중 하나가 부러진 플라스틱 포크 조각이었다. 포크 조각에는 혈전이 묻어 있었다.

이 포크 조각은 왜 여기에 있을까? 처음에 떠오른 가설은 그것이 원래부터 거기에 있었고 이후 그것에 피가 튀었으리라는 것이었다. 그럴 수도 있지 않은가? 하지만 혈액은 체외에서 응고하지 않는다. 건조될 수는 있지만 응고하지는 않는다. 혈액이 응고하려면, 체내 혈액 순환을 통해 필요한 요소들이 이동해야 한다. 이는 신체 기관 밖에서는 불가능한 일이다. 포크에 묻어 있는 것은 실제로 혈액 응고물이었고, 그렇다면 앞에서 말한 가설과는 맞지 않았다. 유일한 답은 포크가 고인의 신체 내부에 있었다는 것이었다. 그랬다. 그런데 어디에? 그리고 어떻게 포크가 그 안에 들어갔을까? 부검을 해야 답이 나올 질문들이었다.

그사이 검사 대리가 수사판사에게 부검 허가를 요청했다. 부검의 필요성을 납득시키는 데는 어려움이 없었다. 같은 날 나는 피에르의 부검을 실시했고, 다른 한편에서는 수사가 빠르게 진행되었다.

일단 경찰은 목이 아프다는 전화를 받고 사건 현장에 출동했던 주치의의 진술을 받았다. 응급 환자가 아니었기 때문에 그는 피에르를 일반 환자 명단에 넣었고, 그가 죽은 것을 보고 깜짝 놀랐다. 직접 경찰에 신고했지만 사망 진단서는 작성하지 않았다. 피에르에게 출혈이 일어난 원인을 명확히 파악하지 못했기 때문이다. 그리고 그의 판단이 옳았다.

부검을 해 보니, 음식물을 입에서 위까지 운반하는 통로인 식도 측면에 두 개, 정면에 세 개, 총 다섯 개의 구멍이 뚫려 있었다. 그 자리에 포크를 놓으면 완벽하게 들어맞는 것을 알 수 있었다. 구멍 두 개는 포크의 절단된 손잡이 부분에, 나머지 구멍 세 개는 포크의 갈래 세 개에 해당했다.

식도에는 경로를 따라 좁아지는 협착부가 세 곳 있다. 첫 번째 협착부는 식도가 시작되는 후두 바로 아래에 있으며 연하(삼키기) 작용에 의해 쉽게 넘어간다. 두 번째는 더 아래쪽, 식도와 대동맥활[19]이 교차하는 곳에 위치한다. 대동맥은 신체에서 가장 큰 혈관으로, 심장에서 시작해 말초, 모든 장기, 모든 세포로 혈액을 보냈다.

　식도에서 관찰된 상처는 이 두 번째 협착부 높이에 있었으며, 포크의 갈래들에 해당하는 상처들 중 하나는 구멍이 뚫린 대동맥 벽까지 계속되어 대동맥과 식도 사이를 연결했다. 이 두 개의 천공(식도와 대동맥)이 발생하는 데는 며칠이 걸렸다. 시간이 흐르면서 연동 작용, 즉 음식물을 삼킬 때마다 식도가 열리고 수축해 음식물을 위장으로 밀어 내는 작용을 하면서 천공이 계속 커졌다. 또 그런 식으로 수축함으로써 식도가 포크를 내벽 너머로 밀어 냈다.

　아마도 피에르는 식도 벽에 천공이 생기지 않았을 때는 포크 때문에 통증을 느꼈을 것이고, 천공이 생기고 난 뒤에는 통증이 어느 정도 가라앉았을 것이다. 통증이 완화되었다 해도 그의 상태는 그다지 좋지 않았을 것이다. 포크가 식도를 막고 있어서 음식을 아래로 내려 보내는 데 어려움을 겪었을 테니 말이다.

　그러는 동안 포크는 계속해서 아래로 내려가 식도와 대동맥 사이의 취약한 공간을 통과했다. 식도의 연동 작용 때문에 포크가 대동맥에 도달할 때까지 점점 더 깊이 침투해 천공을 형성하고, 미약하지만 지속적인 출혈을 유발해 포크에 응고물이 형성되었다.

19　오름 대동맥과 내림 대동맥 사이에 있는, 활 모양으로 굽은 부분.

그런 다음 혈액을 별로 좋아하지 않는 위장을 점차적으로 침범해 피에르에게 구토를 유발했다.

처음에 피에르는 침대에 있다가 토했다. 머리를 한쪽으로 기울이고 분수처럼 피를 토해 냈다. 바닥에 고인 피의 양을 보면 상당했다. 그는 오른손으로 입을 닦은 뒤, 우리가 본 피 묻은 손자국을 남기며 이불을 젖히고 침대에서 나와 방을 가로질러 아래층으로 내려갔고, 몸 상태가 좋지 않은 것을 느꼈다.

정원 바닥에 누워, 플라스틱 테이블 다리 이삼 센티미터 높이까지 닿는 격렬한 핏줄기를 뿜어내며 두 번째로 토했다. 바로 이 순간 포크가 이탈해 몸 밖으로 빠져나왔다. 그런 바람에 포크 때문에 막혀 있던 천공들이 열리면서 엄청난 출혈이 일어났다.

그가 바닥에 누워 있는 동안 구토를 더 했을 수도 있지만, 이 가설은 증명할 수 없다. 어쨌든 피에르는 저혈량성 쇼크로 사망했다. 즉 혈액이 부족해서 신체가 제대로 기능할 수 없었기 때문에 죽었다.

부검을 진행하는 동안 조사가 계속되었고, 우리는 피에르가 친구들과의 모임 중 자기 맥주잔에 담긴 것을 모두 삼키는 데 동의했다는 사실을 알게 되었다. 게다가 부검에서 손잡이가 부러져 나간 플라스틱 칼 조각이 이미 소장까지 들어와 있는 것을 확인했다.

나중에 나는 아흐레 전 피에르가 포크를 삼킨 직후 가슴에 심한 통증을 느끼고 몸이 마비될 정도로 상황이 심각해져 친구들에 의해 병원으로 이송된 일이 있다는 사실을 알게 되었다.

응급실에서 그의 친구들은 그가 "포크를 삼켰다."고 말해, 수많은 기묘한 응급 사건에 익숙한 응급실 의료진마저 경악하게 만들었다. 응급실의 일상이 얼마나 상상을 초월하는지는 그곳에서 일해 봐야 알 수 있다. 피에르의 친구들은 엑스레이 촬영을 지시한 담당 의사와 간호사에게도 그가 포크를 삼켰다고 말했다.

문제는 플라스틱이 방사선을 투과하는 성질이 있다는 사실이었다. 이는 피에르의 경우처럼 몸 내부에 플라스틱 물질이 있을 경우 엑스레이 사진에서는 보이지 않는다는 의미이다. 그러니 엑스레이 촬영 결과 그가 삼킨 플라스틱 포크가 보일 가능성은 전혀 없었다. 엑스레이 사진에서는 소장이 시작되는 부분에 있는 십이지장, 즉 위 바로 아랫부분에 있는 동전들만 보였다. 그 동전들을 굳이 빼낼 필요는 없었다. 의사는 동전의 크기가 크지 않으니 장에 상처를 만들어 통증을 유발한 뒤 나중에 몸 밖으로 배출될 거라고 생각했다.

의사는 환자가 정말로 포크를 삼켰을 거라고는, 술에 취한 학생들이 진실을 말했을 거라고는 생각하지 못했다. 그래서 피에르를 퇴원시켰다.

며칠 후, 식도 내벽에 구멍이 뚫려 음식을, 특히 고기나 빵 조각 같은 고형 음식물을 먹을 수 없었음에도 불구하고 통증은 확실히 가라앉았다. 놀랍게도 이후 그는 다시 진찰을 받지 않았다.

응급실 의사의 대처가 문제가 되었다. 법원은 그가 위 내시경 검사를 지시하지 않은 것은 잘못된 행동이라고 판단했다. 식도와 위로 내시경 카메라를 내려 보내 상처를 확인하고 생체 검사를 해야 했다. 그랬다면 포크의 존재를 확인할 수 있었을 테고 빼내는 것도 가능했을 것이다.

이것은 인생을 최대한 즐긴 성격 좋았던 한 남자의 매우 슬픈 죽음이다. 나는 이 사건에 관해 이야기할지 말지 주저했지만, 이 사건이 그 예외적인 성격 때문에 학술 출판물에 게재되어 좁은 법의학계에서 높은 평가를 받았기 때문에 이 책에도 포함했다. 또한 피에르의 죽음이 헛되지 않아야 한다는, 다시는 이런 일이 발생하지 않게 해야 한다는 목적도 있었다. 그런 식으로 생명을 단축하기에는 인생이 너무 짧다!

우리가 흔히 간과하는 경향이 있지만, 소화는 입에서부터 시작된다. 소화의 목표는 음식물을 충분히 미세한 입자로 줄여서 장에서 흡수되게 하고 이후 몸의 세포에서 에너지를 생산하는 데 사용되도록 하는 것이다. 그러기 위해 먼저 치아를 사용해 음식물을 기계적으로 자르고 잘게 빻는다. 그다음에는 입안에서 효소가 탄수화물(당)을 분해하는 화학적 작용이 뒤따른다.

내가 이렇게 소화의 모든 과정을 말하는 것은, 음식물을 씹는 행위가 선택 사항이 아니라, 염산을 방출해 음식을 반고체 상태로 만드는 위의 활동을 수월하게 하는 필수적인 사전 행위라는 점을 여러분이 명심하도록 하기 위해서이다.

잘 씹지 않아 음식물이 잘게 부서지지 않은 경우 위의 염산 분비가 더욱 중요해진다. 그리고 이 경우에는 염산을 많이 분비해야 해서 궤양이 생기거나 소화 둔화로 위 안에서 음식물의 이동이 지연되는 현상, 피로감 등 불편한 증상이 생길 수 있다.

잘 씹지 않는 것보다 더 나쁜 것이 있다. 바로 음식물을 씹지 않고 통째로 삼키는 경우다.

이것은 우리가 '폭식 증후군'이라고 부르는 고전적인 병리 현상이다. 한 남자가 사업상 저녁 식사를 위해 레스토랑에서 식사를 하게 되었다. 식탐이 많았던 그는 모든 고기 애호가들이 그러 듯이 고기를 레어로 구워 달라고 주문한 다음 먹기 시작했다. 토론의 열기 속에서 그는 급히 말을 하고 싶었고, 글자 그대로 입안의 고깃조각을 '꿀꺽 삼켜 버렸다.' 하지만 고깃조각이 너무 커서 목구멍이 막혀 버렸다. 한동안 숨이 막혔고, 기침을 하고 싶었지만 목구멍이 막혀 그럴 수가 없었다. 숨을 쉬지 못해 의식을 잃었으며, 구조대가 도착하기 전에 질식으로 사망했다.

사실 이런 죽음은 아주 간단한 조치만으로 피할 수 있다. 환자를 뒤에서 안고 팔로 복부를 감싸 안아 누르며 위로 밀쳐 올리는 하임리히법이다. 그렇게 하면 복부에 과압이 생성되고 그것이 흉부에 전달되어 막힌 음식물을 몸 밖으로 배출할 수 있다.

이런 죽음은 식당이나 요양원에서 많이 발생하는데, 사실은 충분히 피할 수 있다. 앞서 음식을 충분히 씹지 않아서 생기는 문제에 대한 이야기와 같은 맥락에서 이 이야기를 하는 것이 중요하다고 생각했다.

16

원초적 본능

　1992년 개봉되자마자 일대 센세이션을 불러일으킨, 눈부시게 아름다운 샤론 스톤과 마이클 더글러스가 주연을 맡은 영화 「원초적 본능」을 보지 못한 사람이 있을까? 비록 우리의 기억 속에 강렬하게 남아 있는 것이 영화의 줄거리보다는 그 유명한 샤론 스톤의 심문 장면이긴 하지만 말이다.

　"안녕하세요, 박사님? 총기 살인 사건이 일어났습니다. 탄도학 전문가도 부르겠습니다." 탄도학 전문가는 앞에서 이미 소개한 바 있는 전직 경찰관 장 자마르이다. 우리는 함께 길을 나섰다. 장과 함께 외근을 나가는 것은 약간 지치는 일이다. 장이 내 운전 방식에 대해 미주알고주알 지적을 하기 때문이다. 물론 나는 세계 최고의 운전자는 아니다. 인정한다. 하지만 장이 조수석에 탄 상태에서 운전을 하면 까다로운 시험관을 태우고 운전면허 시험을 치르는 듯한 느낌을 받는다. 그는 "너무 붙었어요." "너무 빨라요." "신호등 잘 봐요." "우측 차선 우선이에요." 그는 끝도 없이 잔소리를 한다. 제한 속도 초과는 언감생심이다. 나에게는 그런 잔소리가 매우 힘들다.

우리는 고속도로를 한 시간 반 동안 달려 현장에 도착했다. 시신은 전체가 돌로 지어진 아르덴 지역의 고전적인 집 2층에서 발견되었다. 집 안으로 들어간 나는 곧장 시신이 있는 방으로 이동했다. 연구소 직원들이 사진 촬영과 증거 채취를 마쳤고, 다행히도 방 안으로 들어갈 수 있었다. 이 필수적인 작업에 두 시간까지 걸리는 경우도 흔하니 말이다.

장이 내 뒤에서 따라오며 범행에 사용된 무기에 대해 걱정했다. 현장에 무기가 보이지 않았다. 상황이 상당히 복잡해질 수 있었다. 현장에 무기가 없다는 것은 살인을 의미하는 지표여서 그렇다. 죽기 전에 무기를 제자리에 가져다 놓은 자살 사건은 본 적이 없다.

늘 그렇듯 경찰들과 치안판사가 점심시간의 샌드위치 가게 앞처럼 방문 앞에 줄지어 선 채 초조한 모습으로 안에 들어가 시신을 보려고 기다리고 있었다. 어쨌든 그들은 현장과 시신을 보기 위해 그곳에 왔다. 그것은 그들이 거쳐야 하는 필수 단계다. 이 단계에는 시간이 오래 걸리지 않는다. 그리고 현장을 직접 보는 것은 어떤 설명이나 사진보다 더 효과적이다.

    법의학자가 가지는 이점은 최초의 발견들, 즉 사망 원인과 사망 시각에 대한 추정치를 제공하는 최초의 발견 사항들에 대해 사람들이 큰 조바심과 관심을 가지고 기대한다는 것이다. 그것이 시신과 관련된다는 점에서 말이다.

    내 추정에 따르면, 시신은 50대의 중년 남성이었다. 백인이고, 키와 체격은 평균이었으며, 몸에 걸친 여성용 가운 아래로는 완전히 발가벗은 모습이었다. 발에는 양말 없이 슬리퍼만 신고 있었다. 탈모가 상당히 진행되었고, 손이 단정하게 다듬어져 있고, 손톱도 부러진 것 없이 깔끔했다. 손이 거칠지 않은 것으로 보아 육체 노동자는 아닌 것 같았다. 나잇살이 있는 편이고, 알코올중독 이력은 없지만 운동을 한 것 같지도 않았다.

    여성용 가운을 입은 것으로 보아 그 가운의 주인을 잘 알고 그 사람과 연인 관계이거나 성관계가 있었을 거라고 추정할 수 있었다.

    얼음은 없고 물만 채워진 샴페인통 안에 마개가 닫힌 샴페인 한 병이 들어 있었다. 별도의 얼음통에도 역시 물이 담겨 있었으며, 그 옆에는 얼음 집게와 얼음 송곳이 있었다. 다시 말해 원래는 얼음이 있었는데 시신이 발견되기까지의 시간 동안 녹은 것이다.

    반면 침대는 흐트러지지 않은 상태였다. 이런 상황에서는 별로 논리적이지 않은 사실이었다. 따라서 우리는 죽은 남자가 애정 관계나 성적인 관계를 기대하고 있었지만 실제로는 아무 일도 일어나지 않은 상태에서 죽었다고 추론할 수 있었다.

상황을 고려해 앞으로 그를 로미오라고 부르겠다. 나는 앞에서 말한 타이벡 소재의 보호복을 입었다. 나는 그 옷을 입는 것을 결코 좋아하지 않지만, 연구소 직원들의 작업이 아직 완료되지 않았고 피해자의 시신에서 아직 단서를 찾을 수 있는 상황이었기에 타이벡 보호복 착용은 필수적이었다. 보호복을 입은 나는 무도회에 어울리는 섹시한 모습은 절대 아니고 영화「고스트 버스터즈」속 찐빵 귀신처럼 보이지만, 여기는 찐빵 귀신이 있을 곳은 아니다. 이는 미국의 모든 범죄 현장 기술자들이 타이벡 보호복을 널리 착용함에도 불구하고「CSI 과학 수사대」시리즈의 다양한 에피소드에서 배우들이 이 보호복을 착용한 모습을 보여 주지 않는 이유이기도 하다. 게다가 그걸 입으면 덥다. 이 보호복은 범죄 현장에 섬유 한 올 남기지 않고 현장의 섬유 역시 달라붙지 않도록 고안되었다. 매우 촘촘하게 짜여 있어서 아무것도 통과하지 못한다. 착용하고 몇 분이 지나면 사우나 안에 있는 것과 다름없어진다. 이에 더해 나는 조사할 영역을 잘 비춰 주는 헤드램프를 항상 착용한다. 아무것도 놓치지 않으려면 그 조명은 필수적이다.

시신은 등을 대고 누워 있었으며 양팔이 약간 벌려져 있었다. 가운의 심장 부분에 피가 보였다. 가까이 가 보니, 발사체가 통과한 듯한 구멍이 보였다. 가운에 다른 손상은 보이지 않았고, 눈에 보이는 신체 부위에 다른 상처도 없었다.

나는 가운을 벗기려 했지만, 시신에 이미 사후 경직이 일어나 옷을 벗기는 데 장애가 되었다. 먼저 상지의 경직을 풀어야 했다. 특별한 경우를 제외하면 시신은 사후 열두 시간 내에 경직된다. 사망 후 두 시간이 지나면 턱에서 경직이 시작되어 열두 시간에 걸쳐 점차 몸 전체로 확대되다가 사망 후 24~36시간이 지나 사라진다. 그러므로 고인이 지금으로부터 12~24시간 전에 사망했다고 추정할 수 있었다. 건강한 남성의 경직을 풀려면 근육량에 따라 달라지는 사지(四肢)의 저항을 극복해야 한다. 그리고 고인은 보디빌더는 아니지만 근육량이 많았다. 나는 치안판사와 경찰들의 약간 재미있어하는 시선을 받으며 시신의 경직을 풀려고 애를 썼다. 마치 감독관 앞에서 운동을 하는 듯한 느낌이었다. 이런 순간에 늘 나오는 말들이 있다. "운동 좀 할까요, 박사님?" "근육은 괜찮으세요, 박사님?" "오늘은 헬스장 안 가셔도 되겠어요" "영차, 들어 올리세요. 영차, 들어 올려요."

이제 로미오는 아담의 모습으로 등을 대고 누워 있었다. 심장 부위에 발사체가 통과한 구멍이 있는 것은 분명했다. 심지어 그것은 멋진 시연용 사입구 같았다. 미란 칼라로 둘러싸인 직경 9밀리미터의 구멍. 가운을 입은 탓에 발사체가 피부에 닿아 통과하기 전 마모되어서 구멍 주위에 마모된 흔적은 없었다.

"그렇다면, 박사님?"

"네, 맞습니다, 판사님, 심장 부위에 발사체의 사입구가 있습니다. 이제 시신을 뒤집어서 사출구가 있는지 확인하겠습니다."

시신을 뒤집기 전, 나는 시신의 앞면을 매우 주의 깊게 관찰하고 두개골, 팔다리, 흉부, 골반을 손으로 만져 골절이 있는지 확인했다. 그리고 아무것도 발견하지 못한 채 시신을 뒤집었다.

시신에서 좋은 냄새가 났다. 로미오가 자기 몸에 향수를 뿌린 것이다. 시체에서 좋은 냄새가 난다는 건 언급할 가치가 있을 만큼 매우 드문 일이다. 이는 그가 누군가를 기다리고 있었고 그 기다림이 카드놀이를 하기 위한 것은 아니었으리라 짐작하게 한다. 하지만 줄리엣은 어디에 있는가? 아내가 그와 헤어지고 그의 가장 친한 친구와 함께 살게 된 후 로미오는 독신으로 지내 왔다. 그 일로 그 친구와 사이가 다소 나빠졌는데, 그건 십분 이해되는 일이었다. 로미오는 충격에서 빠르게 회복되었다. 몇 달 후 한 여자를 만났지만 관계가 오래 지속되지는 않았다. 자유가 필요했고, 계속 커플로 지낼 생각이 없었기 때문이다. 이웃의 진술에 따르면, 로미오는 그렇게 여자들을 정복하기 시작했고 여러 명의 줄리엣을 거느렸다. 이웃 여자는 그것이 탐탁지 않았다. 이웃 여자는 남편이 비슷한 삶을 꿈꿀 경우 교훈을 얻을 수 있도록 남편을 바라보며 경찰에게 이렇게 말했다. "인생을 그런 식으로 살면 그런 일이 일어나게 마련이지요." 그런 상황에서 총기를 사용해 범행을 저지르는 것은 대개 질투하는 남편 쪽이다. 이유는 알 수 없지만, 총기를 사용한 살인은 여성보다는 남성이 많이 저지른다. 일반적으로 여성은 살인을 저지를 때 총기를 잘 사용하지 않는다. 그러니 아마도 고인과 관계를 맺었던 여성들 중 한 사람의 남편이나 파트너가 범행을 저질렀을 가능성이 있었고, 범인을 찾아내려면 우선 해당 여성을 찾아야 했다.

이제 시신은 바닥에 배를 대고 엎드려 있다. 나는 발사체의 사출구를 찾기 시작했다. 한번 대강 살펴본 뒤 관심을 꺼 버리는 마구잡이 방식으로 찾지는 않는다. 머리부터 살펴보기 시작해 발까지 내려간 다음, 다시 발에서 머리까지 올라가며 살펴본다. 모든 것에 주의를 기울인다. 로미오의 경우 주목할 만한 점이 전혀 없었다. 사출구도 다른 어떤 흔적도 찾을 수 없었다.

발사체가 뼈와 접촉해 속도가 느려질 수 있다. 또한 발사체가 왼쪽 전흉부(前胸部)로 들어가면서 여러 개의 갈비뼈에 의해 제동이 걸릴 수 있다. 이 경우 발사체가 더 이상 피부를 통과하지 못할 정도로 에너지를 잃을 수 있다. 피부는 저항력이 있는 탄성 조직이며, 나는 이 일을 하면서 발사체가 이 탄성 조직을 통과할 힘이 더 이상 없어서 피하에 머물러 있는 모습도 자주 발견한다. 외과용 메스를 사용해 발사체로 인해 피부가 튀어나온 부분이 아닌 그 옆 부분을 절개하면 자국을 남기지 않고 발사체를 간단히 몸 밖으로 꺼낼 수 있다. 그래서 발사체를 찾아 등 부분을 만져 보았지만 발견하지 못했다.

    뼈 때문에 속도가 느려지는 것과 마찬가지로, 뼈 때문에 발사체가 완전히 멈추기도 한다. 그런 경우는 부검을 통해 살펴보아야 한다. 로미오의 경우는 명백히 살인 사건이었기 때문에, 잠재적인 다른 원인을 배제하고 사망 원인을 확실하게 규명하기 위해서뿐만 아니라, 발사체를 찾아내 분석하기 위해서도 부검이 필수적이었다. 탄도학 전문가가 사용된 도구 또는 사용된 도구의 유형을 정확히 특정하려면 발사체의 존재가 절대적으로 필요하다. 더구나 범행에 사용된 무기나 탄피가 현장에서 발견되지 않았으니 말이다. 현장에 탄피가 없는 것은 다음의 세 가지 경우로 설명할 수 있다. 첫째, 어딘가에 탄피가 있지만 충분히 주의 깊게 살펴보지 못한 경우다. 둘째, 범인이 탄피를 가져간 경우다. 셋째, 권총이 아니라 리볼버를 사용했을 경우다. 리볼버(럭키 루크[20]의 무기)는 탄피가 약실에 그대로 남으니 말이다.

    나는 사망 시각을 추정하기 위해 직장의 온도를 측정하고, 치안판사가 원할 경우 독성 검사를 하기 위해 혈액과 소변 샘플을 채취한 후 시신 검사를 마쳤다.

    사건 현장이 법의학 연구소에서 멀리 떨어져 있는 경우에는 부검실을 갖춘 해부병리학과가 있는 병원이나 장례식장 등 현장

---

20 프랑스, 아르헨티나 합작 영화 「럭키 루크: 전설의 무법자」(2009년)의 주인공.

과 가까운 곳에서 부검을 실시한다. 로미오의 경우 지역 병원이 기술적인 문제로 우리를 받아 주지 못했기 때문에 장례식장에서 부검을 하게 되었다. 그런데 발사체가 시신 내부 어디에 있는지 확인하려면 엑스레이 촬영이 필요했으므로, 내가 보기에 장례식장에서 부검을 하는 것은 적합하지 않았다. 시신 안에서 발사체의 정확한 궤적을 식별하는 것은 매우 어렵다. 흉부의 장기는 고정되어 있기 때문에 복부보다는 수월하다. 반면 복부의 창자는 움직이기 때문에 발사 당시의 위치로 되돌리기가 매우 어렵다. 또한 발사체는 곧게 직선을 그리는 경우가 드물고 방향이 빗나가는 경우가 많다.

엑스레이 촬영은 불가능했고, 안타깝게도 결국 엑스레이 촬영 없이 부검을 진행해야 했다. 흉부 궤적 추적 방법이었다. 이것은 두개골 궤적 다음으로 간단한 궤적이므로 효과가 있을 터였다. 나는 시설이 잘 갖춰진 훌륭한 방, 매우 깨끗하고 특히 나에게는 매우 중요한 부분인 난방이 되는 방에서 부검을 시작했다. 나는 추위를 많이 타서 추위에 과민 반응을 보이고 고통을 받는다. 손에까지 영향을 받아, 주위의 온도가 낮으면 즉시 손가락이 아프고 뻣뻣해져 일을 하지 못할 정도가 된다.

나는 옷을 입었다. 먼저 외과 의사용 가운을 입고, 뒤쪽으로 잠그게 되어 있는 커다란 파란색 앞치마를 둘렀다. 그런 다음 앞면 전체를 덮는 커다란 비닐 앞치마도 둘렀다. 마지막으로 장화를 신었다. 작은 테이블 위에 장비들이 놓였다. 가위, 핀셋, 두개골을 열 때 쓰는 석고 톱, 메스, 부검을 완료한 뒤 시체를 봉합할 때 쓰는 바늘 및 두꺼운 실. 모든 것이 준비되었다.

부검할 때는 놓치는 것이 없도록 항상 두 사람이 짝을 이루기 때문에 조수 한 명이 합류했다. 치안판사, 경찰, 연구소 직원들이 모두 와 있었고, 나는 부검을 시작할 수 있었다. 시신은 부검용 테이블 위에 엎드린 상태로 놓여 있었다. 최초 절개 전 연구소 직원들이 시신의 사진을 찍는다. 그것이 부검의 시작을 알린다. 그런 다음 특별한 문제가 없고 단순한 사건일 경우 평균 두 시간 동안 작업을 진행한다. 다발성 상처가 있는 경우에는 서너 시간, 혹은 그보다 더 많은 시간이 소요된다.

첫 번째 절개는 목덜미에서 엉덩이 끝까지 이어지며, 그런 다음 하지 뒤쪽에서 발뒤꿈치까지 이어진다. 그런 다음 피부와 근육 사이로 메스를 통과시켜 등과 팔다리의 피부를 벗겨 내 외부 검사에서는 보이지 않던 불확실한 상처들을 확실하게 살펴본다. 피하의 경우 주로 발사체가 있는지를 보았지만 눈에 띄는 발사체나 다른 상처는 없었다. 그래서 절개한 부분을 봉합해 시신을 닫았다. 그런 다음 시신을 뒤집어서 반듯하게 눕혔다.

두 번째 절개는 턱에서 시작해 목, 흉부, 복부를 거쳐 치골까지 진행되며, 세 번째 절개는 한쪽 어깨에서 다른 쪽 어깨로 진행되는데, 이때 쇄골의 돌출부를 거쳐 두 번째 절개 부위인 흉골 부분을 지나가게 된다. 여러분이「CSI 과학 수사대」시리즈 같은 드라마들을 보았다면, 이 방법이 두 번째 절개를 목 부위까지 연장하지 않는 영미권의 절개 방법과 다르다는 것을 알 수 있을 것이다. 그들은 목 부분을 넘어가지 않고 치골에서 흉골까지, 한쪽 어깨에서 다른 쪽 어깨까지 이어지는 일종의 'Y'자 모양을 만든다. 반면 벨기에와 프랑스에서는 목에 더 쉽게 접근하게 해 주고, 교살의 흔적을 찾을 수 있도록 특별히 주의를 기울여야 하는 이 부위에 대한 더 나은 시야를 제공하며, 교살이 사망 원인인 경우 놓치지 않게 해 주는 분명한 이점이 있는 방법을 사용한다. 이에 대해서는 다른 장에서 다시 다룰 기회가 있을 것이다.

이렇게 시신을 두 번 절개한 후 피부를 벌려 놓는다. 피부 바로 밑에 있는 근육 덩어리를 떼어 내 깊은 상처가 없는지 확인한다. 그런 다음 목 부위의 근육들을 하나씩 채취해 목이 졸린 흔적 등 외상을 의심할 수 있는 상처가 있는지 살펴본다. 이후 흉부를 열고 폐가 들어 있는 흉막강을 살펴본다. 일반적으로 흉막강에는 폐와 약간의 체액만 들어 있지만 로미오의 경우 왼쪽 흉막강에 1.5리터라는 상당한 양의 혈액이, 오른쪽 흉막강에는 1리터의 혈액이 들어 있었다. 2.5리터의 혈액은 매우 의미 있는 수치이고 치명적인 출혈이다. 왜냐하면 흉막강 안의 혈액은 더 이상 신체 기관을 위해 사용되지 않고 순환하지 않기 때문이다. 소량의 혈액은 그다지 심각하지 않지만 2.5리터는 치명적인 손실이며 저혈량증으로 인한 사망을 의미한다. 정말로 저혈량증이 사망 원인인지 공식적으로 확인할 수는 없었다. 부검을 마친 후 다른 사망 원인이 없다는 것을 확인한 후에야 공식적으로 판단을 내릴 수 있을 터였다.

흉막강을 관찰한 후 심장을 검사한 결과, 심장을 둘러싸고 있는 '심막'이라고 불리는 막의 왼쪽에 구멍이 뚫려 있는 것을 발견했다. 나는 심막을 열어서 여기저기 뚫린 심장을 꺼냈다. 심장을 들어 올리니 역시 관통된 심막의 뒷면이 보였다. 따라서 발사체는 척추 안에 있거나, 더 정확하게는 갈비뼈로 막힌 오른쪽 흉곽에 있는 듯했다.

발사체가 복강을 통과하지 않았는지 확인하기 위해 조수가 횡격막 근육이 온전한 상태인지 살펴보는 동안, 나는 부검용 테이블에 올려놓은 심장-폐 덩어리에서 샘플을 추출하여 부검을 계속했다. 이것은 올바른 과정은 아니지만 항상 확인하는 편이 좋다. 횡격막은 손상되지 않았으며, 우리는 복강과 그 안에 있는 장기에 대한 검사를 계속했다.

심장과 폐의 부검은 이들 장기를 열기 전 장기 외부 검사에서부터 시작된다. 심장은 이쪽에서 저쪽으로 관통되어 있었으며, 심장 왼쪽 전벽에 사입구가 있고 우심방 벽에 사출구가 있었다. 심장은 오른쪽 부분을 통해 전신에서 돌아오는 혈액을 받고 왼쪽 부분을 통해 전신으로 혈액을 다시 돌려주는 압력 펌프다. 심장은 오른쪽 두 개, 왼쪽 두 개, 총 네 개의 공간으로 나뉘며, 양쪽에 혈액이 심장으로 돌아오는 공간인 심방과 혈액이 심장에서 나가는 공간인 심실이 있다. 심장의 왼쪽과 오른쪽은 중격이라는 벽으로 분리되어 있다. 나는 총알이 좌심실을 통과한 다음 중격을 통과해 우심실을 거쳐 우심방으로 들어가 심장에서 나간 것을 확인했다.

그런 다음 폐를 살펴보니 왼쪽에 천공의 흔적이 있었고 이는 정상이었다. 하지만 오른쪽에는 천공의 흔적이 전혀 없었고, 이는 정상으로 보기 힘들었다. 궤적을 고려할 때 총알은 오른쪽 폐의 중간 엽을 통과했어야 하지만, 중간 엽은 상부 및 하부의 다른 두 개의 엽과 마찬가지로 손상되지 않은 상태였다.

좀 더 자세히 살펴보니 또 다른 이상이 있었다. 우심방의 발사체 사출구가 좌심실의 사입구보다 절반 정도 작아 보였다. 그런 일이 일어날 수는 있지만 확률이 그리 높지는 않다.

조수가 두개골 부검을 마쳤고, 나는 여전히 오른쪽 흉강에서 발사체를 찾았지만 찾아내지 못했다. 갈비뼈 전체, 늑간 전체, 척추, 갈비뼈와 흉골을 이어 주는 늑연골 등을 확인했지만 아무것도 나오지 않았다. 우리는 눈금이 매겨진 국자 비슷한 도구로 흉막강을 채우고 있는 혈전들을 떼어 내 부피를 측정했다. 이 혈전들을 유출함으로써 우리가 발사체를 제거하지 않았기를 바랐다. 유출한 혈전들을 전부 헤집어 보고 부검용 테이블의 배수구도 확인했다. 안타깝게도 그 배수구에는 거름망이 없어서 발사체처럼 작은 물체가 흘러 내려가지 않고 걸려 있을 가능성이 희박했다. 테이블 전체가 금속으로 만들어져 있었기 때문에 금속 탐지기를 활용할 수도 없었다. 부검을 실시한 장소인 장례식장의 직원들이 친절하게도 발사체를 찾아내길 바라며 부검대의 배수 시스템을 분해해 주었지만 배수관에서도 발사체를 찾지 못했다.

경찰 중 한 명이「CSI 과학 수사대」시리즈에서 본 이론을 제시했지만 수수께끼는 여전히 남아 있었다. 그 시리즈에서는 사용된 도구가 얼음 조각이었고, 얼음 조각은 피부 조직을 뚫은 후 열 때문에 용해되어 사라졌다. 경찰은 이 이야기를 농담처럼 했다. 미국의 이 시리즈물은 내용에 오류가 있거나 과학적 근사치에 가깝지 않으니 말이다. 하지만 이 이야기는 내가 함께 훈련받고 즐거운 시간을 보낸, 그리고 몇 년 전 은퇴한 법의학자에게 일어난 비슷한 사건을 떠올리게 했다. 그 동료는 베르나데트로, 매우 재미있는 사람이고 자기 일에 대해 진지했다. 언제나 웃을 준비가 되어 있고 언제나 동료들에게 들려줄 이야기가 있었다. 그중 로미오와 상황이 비슷하고 총기에 의한 살인으로 추정되었지만 발사체를 찾지 못한 경우가 있었다. 부검대가 해체되었고, 엑스레이 촬영을 위해 시신의 일부를 인근 병원으로 이송했지만 발사체는 끝내 찾지 못했다.

구멍은 구멍이다. 그것은 뾰족한 어떤 물체에 의해서든 형성될 수 있으며, 우리의 경우 원형 단면이었다. 또한 우리가 발사체가 시신을 관통했다고 생각한 것은 총기 발사의 전형적인 현상인 미란 칼라가 사입구를 둘러싸고 있기 때문이었다. 그러나 사실 미란 칼라는 시신을 뚫고 들어간 어떤 물체에 의해 구멍 주변에 심한 마찰이 발생했다는 증거일 뿐이다. 꼼꼼히 관찰할 경우 어떤 물체든 충분한 속도로 몸 안으로 들어가기만 했다면 미란 칼라를 볼 수 있다. 나는 스크루드라이버나 오므린 가위를 발길질로 꽂아 넣어 흉부를 관통하게 한 사건에서도 그런 현상을 목격한 바 있었다.

베르나데트가 해 준 이야기에서 범행에 사용된 도구는 얼음송곳이었다. 나는 연구소 직원들과 함께 현장으로 돌아가, 집 현관문에 붙어 있는 출입 금지 테이프를 떼고 시신이 발견된 방으로 다시 들어갔다. 시신이 발견된 곳에…… 그 방의 작은 테이블 위에 기적적이게도 얼음송곳이 놓여 있었다. 샴페인 통와 얼음 통 옆에 말이다. 연구소 직원들이 그 증거물을 조심스럽게 압수해, 훼손 없이 보관할 수 있는 용기 안에 넣었다. 그 얼음송곳의 뾰족한 부분에 피로 추정되는 작은 얼룩들이 보였다. 얼음송곳 손잡이에 범인의 지문이 남아 있기를 바랐다.

내 일은 끝났고, 장의 일은 실질적으로 아직 시작되지 않았다. 연구소에서는 조사를 계속해 얼음송곳 끝부분에 묻은 것이 혈액이라는 사실을 밝혀낼 것이며, DNA 분석을 통해 그것이 로미오의 혈액임이 밝혀질 터였다. 얼음송곳 손잡이에 정말로 지문이 남아 있었다. 부분적이었지만 용의자 세 사람 중 줄리엣의 지문이 맞는지 식별하기에는 충분했다. 확실히 로미오는 건강한 상태에서 사망했다.

줄리엣은 당황해서 어쩔 줄 몰라했다. 그녀는 유부녀였고 질투가 매우 심했다. 그녀는 로미오를 예의 주시하던 중이었다. 그가 자기에게 별로 충실하지 않다고 생각했기 때문이다. 그렇게 감시하며 수상한 점을 찾아내지 못해 안심했지만, 로미오의 집을 방문한 그 운명적인 저녁에 욕실에 들어갔다가 자신의 것이 아닌 작은 여성용 향수병을 발견했다.

나는 남자에게는 없는 그 경이로운 능력에 항상 놀란다. 여자 한 명을 여러분 집에 하룻밤 묵게 한 뒤 하루이틀이 지나면 욕실 또는 다른 곳에 눈에 띄지 않는 물건이 남겨질 것이다. 여러분은 그 물건을 보지 못할 것이고, 일부러 찾아도 결코 찾아내지 못할 것이다. 하지만 같은 조건에서 다른 여자가 집에 오면 그것을 찾아낼 것이고, 그 물건이 얼마 전 여러분이 헤어진 전처의 물건이 아님을 본능적으로 알아챌 것이다. 그렇게 되면 여러분은 끝장이다! 나는 항상 여성의 이 경이로운 능력에 감탄해 왔다. 내가 그 후폭풍을 분담할 필요는 없으니 더더욱 말이다.

줄리엣은 펄펄 뛰며 화를 냈다. 로미오는 그 향수병이 전처의 것이라고 주장하며 곤경에서 벗어나려 했으나 소용없었다. 그 주장이 통하지 않자 그는 그녀에게 남편이 있으니 자신이 다른 여자들을 만나도 잘못이 아니라고 말했다. 이 말에 줄리엣은 무시당했다고 느끼고 분노에 사로잡혀 옆에 있던 얼음송곳을 집어 그의 왼쪽 가슴을 찔렀다. 그런 다음 얼음송곳을 제자리에 놓고 현장을 떠났다.

샤론, 그녀의 몸에서 어서 나와요!

17

방귀와 질식사의 관계

평가하기 어려운 법의학적 현상 중에서 반드시 언급해야 하는 것이 질식이다. '질식(asphyxie)'이라는 단어는 그리스어에서 유래했으며 이는 '맥박이 멈추는 것'을 의미한다. 이 번역에 따르면 모든 사망은 질식이며, 이는 엄연한 사실이기도 하다. 사망은 심장의 기능이 장기간 정지되어 산소 부족으로 뇌 세포가 죽는 것을 뜻한다. 이후 심장이 다시 기능하더라도 뇌부종이 발생하기 때문에 돌이킬 수 없다. 뇌부종은 혈액이 두개골로 들어가 인체에서 매우 중요한 부위인 뇌 안에 흐르는 것을 방해한다. 장기 적출을 위해 환자의 생리학적 사망을 선언할 때도 뇌 혈관 조영술을 실시해 뇌에 혈액의 관류가 중단되었는지를 확인한다. 이는 장기 적출을 수행할 수 있는 법적 필수 조건이다. 이때 뇌는 죽었지만 심장이 계속 뛰고 다른 장기에 혈액이 공급되는 경우도 있다.

질식의 종류는 다양하다. 많은 살인자들이 피해자가 사망에 이르도록 다양한 방법으로 질식을 시도한다. 법의학에서 중요한 것은 그 질식이 신체 기관 자체에 의한 자연적인 것인지, 아니면 본인 자신, 제삼자 또는 제삼자의 책임이 아닌 사고로 인한 외부 요인의 개입에 의한 것인지 확인하는 일이다.

법의학 차원에서 질식은 확실하게 진단하기 어려워서 배제 진단의 대상이 되는 경우가 많다. 즉 다른 사망 원인이 없는 경우에만 이를 확인할 수 있다. 또한 이미 말했듯이 질식 외에 다른 사망 원인이 의심되지 않음을 확실하게 입증하기 위해 항상 부검이 완료되어야 한다.

나는 목에 상처가 거의 없는 상태로 손에 목이 졸려 사망한 사람과 목에 뚜렷한 상처가 남은 상태에서 목이 졸려 사망한 사람이 살아나서 나에게 말을 건 사례를 몇 번 경험했다. 이렇듯 겉으로 보이는 상처의 경중과 사망 사이에는 어떤 상관관계도 존재하지 않는다.

이런 맥락에서 손에 목이 졸려 사망했다는 진단은 배제 진단일 수 있다. 상처의 경중이 그것으로 인해 사망이 발생했음을 의미하지는 않기 때문이다. 시신에서 관찰되는 상처는 사망 전 외부의 공격이 있었음을 의미하지만, 반드시 그 공격이 사망을 초래하는 것은 아니다. 이런 상황에서는 상처의 정도를 확인하고 그 상처들이 실제로 유일한 사망 원인임을 입증하기 위해 부검이 필수적이다. 그런데 부검만으로는 충분하지 않다. 고인이 치명적인 호흡 기능 저하로 질식을 유발할 수 있는 약물을 복용하거나 투여받지 않았는지 확인하기 위해 혈액, 소변, 간과 신장 조직, 심지어 위의 내용물 및 머리카락 샘플에 대해 독성학적 분석을 해볼 필요가 있다. 수면 장애 치료를 위해 정기적으로 처방되는 벤조디아제핀 같은 약물 복용으로 인한 자살 혹은 사고일 수 있기 때문이다. 독성학적 분석에서 사건의 본질이 완전히 뒤집히는 경우가 꽤 있다.

엎친 데 덮친 격으로, 응급 구조대가 우리보다 먼저 개입해 조치를 취하는 경우가 많은데, 그런 개입이나 조치는 우리가 그것을 알지 못할 경우 오해하거나 잘못 해석할 소지가 있는 흔적들을 만들어 놓는다.

앞에서 살펴보았듯이 질식으로 인한 사망 진단은 매우 복잡하므로, 신중에 신중을 기해야 한다. 자칫하면 실수하기 십상이다. 한 남자가 아내를 손으로 목 졸라 살해한 혐의를 받는 사건에 대해, 현장에 가 보지도 부검도 하지 않은 상태에서 사진을 토대로 의견을 제시해 달라는 요청을 받은 적이 있다. 시신에는 경미한 상처 몇 개가 있었다. 하지만 후두 뒤쪽의 출혈성 침윤이 눈에 띄었다. 그 상처는 목에 가해진 높은 압력으로 인한 것으로, 피해자에게 인공호흡기를 다느라 기도에 삽관을 했을 때 발생했을 가능성이 있었다. 특히 그 인공호흡기의 관이 성대에 손상을 일으킬 수 있다는 점을 고려하면, 피해자가 그런 식으로 외상을 입을 수도 있다는 데는 의심의 여지가 없었다. 실제로 그것은 우리가 '둔기'라고 부르는 도구, 즉 반상 출혈, 혈종 또는 자상을 생성할 수 있는 도구다. 최근의 추세인 응급 구조대의 적극적 개입 때문에 독일의 법의학팀이 매우 흥미로운 연구를 하게 되었는데, 피해자가 질식으로 사망했을 경우 응급 구조대의 개입이 법의학적 조사에 부정적인 영향을 끼칠 수 있다는 결론이 나왔다. 내가 이야기한 사건에서 응급 구조대의 개입을 고려할 경우, 자신은 결백하다는 피의자의 주장은 신빙성이 있었다. 특히 독성학자가 의견을 바꾸어, 모든 정황을 고려할 때 시신에서 발견된 약물과 기타 독소들이 사망을 초래했을 수 있다고 보고했으니 말이다.

이런 맥락에서 우리 법의학자들에게는 심폐소생술과 부패라는 두 가지 주요한 적이 존재한다. 그리고 그 이유는 각기 매우 다르다. 심폐소생술은 제삼자의 행위로 인해 해석해야 하는 또 다른 상처를 만들고, 부패는 질식을 진단하게 해 주는 기존의 상처를 없애 버리기 때문이다.

나는 목을 맨 사람, 익사한 사람, 약물을 복용해 자살한 사람의 수를 더 이상 헤아리지 않는다. 이 셋은 질식사의 가장 흔한 세 가지 원인이다. 목을 맨 사람은 남성이 많고, 약물을 복용하고 자살한 사람은 여성이 많으며, 익사에는 남녀 비율에 차이가 없다. 목을 매서 죽은 경우에 대해서는 이미 이야기했고 익사에 대해서는 앞으로 이야기할 것이므로, 이 장에서는 두 경우에 대해서는 더 이야기하지 않겠다.

약물 복용으로 사망하는 것은 생각과 달리 쉽지 않다. 실제로 성공하는 사람이 거의 없다. 그런 시도에 성공하기 위해 필요한 방법을 내가 여기서 알려 주지는 않겠지만, 결코 쉽지 않다. 약물을 복용하는 행위는 죽고자 하는 진정한 욕구를 표현하기보다는 주위 사람들의 도움을 구하는 외침인 경우가 더 많은 것도 사실이다. 하지만 어떤 사람들은 그것에 실패해 정말로 죽기도 한다.

나는 두 살배기 아기 쥐스틴을 키우다가 남편에게 버림받은 한 여성의 사건을 조사해야 했다. 부부 사이가 나빠진 지 한참 되었는데, 나중에 인정했듯이 그들은 부부 사이를 공고히 해보려는 목적으로 아이를 낳았다. 하지만 그것은 결코 좋은 생각이 아니었다. 아이는 치료약이 아니다. 그리고 일어날 것 같던 일이 결국 일어났다. 아이 아빠 장프레데리크는 아이 엄마 안소피를 떠나 다른 여자에게 갔다. 안소피는 깊은 우울감을 느꼈고, 그래서 의사의 진료를 받게 되었으며, 의사는 우울증 약과 수면제를 처방해 주었다.

엄청난 심리적 고통의 순간에 안소피는 판단력을 잃고 자신의 약을 아기 쥐스틴에게 먹였다가 정신을 차리고 응급 구조대에 도움을 요청했다. 구급차가 쥐스틴을 병원 응급실로 데려갔고, 안소피는 응급실 의사에게 자신이 한 일을 뼈저리게 후회한다고 말했다.

　응급 구조대의 신고를 받고 경찰이 병원에 와서 안소피를 영아 살해 미수 혐의로 체포했다. 이후 상황이 급격히 흘러가, 안소피는 형사 법정에 서게 되었다. 나도 재판에 출석하게 되었는데, 아기 쥐스틴의 생명이 정말로 위험했는지에 대한 피고 측 변호사의 질문에 나는 그렇지 않았다고 대답했다. 당시 쥐스틴은 의식이 또렷한 채로 병원에 도착했고, 투여된 벤조디아제핀 성분을 위세척을 통해 대부분 제거할 수 있었기 때문이다. 게다가 사람이 벤조디아제핀으로 사망하는 경우는 매우 드물다. 판사는 살해 시도가 아니라고 판단했고, 안소피는 무죄를 선고받았다.

　"그 여자가 방귀를 뀌었어요, 판사님." 윌리엄은 선량한 소년으로 알려져 있었다. 열여덟 살이었고, 헝클어진 머리에 몸매가 호리호리하고 잘생긴 소년이었다. 말도 잘 탔다. 윌리엄은 승마대회에 참가했다가 만난 불량 청소년들과 어울리기 시작했다. 그 중 두 소년과 함께 음모를 꾸몄다. 어느 건물 현관 로비에서 피해자를 기다리다가 한 여자를 따라가 엘리베이터에 함께 탄 뒤 위협해서 강제로 아파트 문을 열게 해 강도를 저질렀다. 윌리엄과 두 공범이 아파트 현관에서 여성을 위협하고 여성이 비명을 지르기 전까지는 모든 것이 순조롭게 흘러갔다. 공범들이 피해자에게서 열쇠를 탈취해 피해자의 집 문을 여는 동안 윌리엄은 피해자의 입을 손으로 막았고, 그녀를 아파트 안으로 밀어 넣고 입과 코를 손으로 막은 채 현관 바닥에 밀어붙였다. 어느 순간 윌리엄은 그녀가 가스를 방출하는 소리를 들었고, 그녀는 더 이상 움직임이 없었다. 윌리엄은 역겨움을 느꼈다. 어떻게 이런 상황에서 방귀를 뀔 수 있지? 뒤늦게 현장에 도착한 의사가 그녀의 사망을 자연사로 진단하는 바람에 수사는 시작되지 않았다. 그런데도 윌리엄과 공범들을 체포할 수 있었던 것은 바로 그녀가 방귀를 뀌었다는 윌리엄의 고백 덕분이었다. 물론 이 고백은 시간이 많이 흐른 뒤에 행해졌다. 그들이 다른 범죄 혐의로 체포되어 경찰에 모든 것을 자백했을 때였다. 그렇게 이 사건은 확고부동한 경찰의 매뉴얼로 인해, 경찰 소관의 다른 사건들과 뒤섞였다.

질식 중에 가스 또는 소변이나 대변이 배출되는 일은 흔하다. 교살되거나 스스로 목을 맨 경우에 그런 흔적이 발견되는 것도 드문 일이 아니다. 가스 방출은 윌리엄이 그녀를 질식시켜 살해했다는 증거였으며, 이 증거는 다른 증거들에 추가되었다.

남성이 목을 맬 때 발기가 된다는 속설도 바로 이 현상에 근원을 두고 있다. 성적 판타지를 충족하기 위한 목 매기에 대한 에로틱한 환상의 기원까지 엿볼 수 있다. 사실 남성이 목을 맬 때 발기가 되지는 않는다. 그것은 터무니없는 속설일 뿐이다. 목을 맨 남성이 수직 상태로 있을 때 정액이 배출될 수는 있다. 이는 사망 후 몇 시간 동안 자연적으로 발생하는 괄약근의 이완과 관련된 현상이다. 괄약근 이완은 사망한 모든 남성에게 일어나지만, 정액이 몸 밖으로 빠져나가는 것은 중력에 의한 현상이므로 몸이 수직 상태로 있어야 해서 거의 목을 맨 사망자에게서만 볼 수 있다.

"안녕하세요, 박사님? X거리에 가 보실 수 있을까요? 한 여성이 침대에서 사망한 채 발견됐어요. 커플 사이에 다툼이 벌어져 그렇게 됐다는데, 여성이 아직 40대여서 조금 우려가 됩니다."

경찰이 아직 일을 시작하지 않은 연구소 직원들과 함께 나를 기다리고 있었다. 실제로 조치가 필요한지 확인하고 싶었기 때문이었다. 사실 두 사람이 함께 해도 족히 두 시간쯤 걸릴 일이었지만, 무엇보다 응급 구조대가 시신의 위치를 옮겼고, 그 조치는 적절하지 않았다. 마리에밀리는 10년 전 그자비에와 결혼해 두 자녀를 두었지만, 얼마 전부터 서로 폭력과 상해를 주고받는 일이 잦아 경찰이 한 달에 두 번이나 개입해야 할 정도로 관계가 흔들리고 있었다. 최근에 그자비에에게 애인이 있다는 사실을 마리에밀리가 알게 되면서 상황은 더욱 악화했다. 그녀는 그 사실에 화가 났고, 그자비에에게 집에서 나가 "그 창녀와 함께" 살라고 엄명했다. 그자비에는 마리에밀리의 말에 따르지 않았고 그럴 생각도 없었다. 그것이 이틀 전의 일이었다. 오늘 아침 그자비에는 잠자리에서 일어나 매주 일요일마다 그러듯이 동네 빵집에 아침 식사용 빵을 사러 갔다. 돌아와 보니 마리에밀리가 침대에서 죽어 있었다. 그자비에는 응급 구조대에 신고했다. 응급 구조대가 와서 마리에밀리를 침대 옆쪽으로 옮기고 심폐소생술을 실시했지만, 몇 분 지난 뒤 소용없다는 걸 알게 되었다. 응급 구조대에 뒤이어 곧바로 경찰이 도착했다. 경찰은 지난주에 출동한 적이 있기 때문에 그들을 잘 알고 있었다. 당시 마리에밀리는 그자비에에게 폭행을 당하고 병원으로 이송되어 진단서를 끊었다.

집은 완벽하게 정돈되어 있었다. 모든 것이 제자리에 있는 듯했고 가구 위에는 먼지 한 점 없어서, 사람이 살지 않는 집이나 모범적인 가족을 위한 모델하우스처럼 보였다. 마리에밀리의 시신은 2층 그녀의 방에 있었다. 옷이 단정히 개켜져 침대 발치에 정돈되어 있었다.

경찰은 나에게 마리에밀리가 잠옷 차림에 이불이 가슴 위까지 덮이고 양팔은 이불 밑에 댄 채 등을 대고 반듯이 누워 있는 모습으로 응급 구조대에 발견되었다고 설명했다.

시신을 만지기 전, 나는 시신 아래에 커다란 소변 얼룩이 있는 것을 확인했다. 마리에밀리의 경우처럼 사망 경위가 의심스럽고 사법 인력(치안판사, 사법 경찰)을 동원하기 전 그 필요성을 확인해야 할 경우, 법의학자를 호출해 단계별로 조사하게 한다. 사실 그 단계에서 이미 사법적 조사가 필요하다고 결론 내릴 수 있었다. 소변 자국 하나만으로도 충분히 타살을 의심할 수 있었기 때문이다. 소변은 질식 증후군을 암시한다. 그래도 조금 더 나아가 먼저 질식을 의미하는 청색증을 육안으로 확인한 다음, 목에 손

또는 끈 등으로 교착[21]을 가한 흔적으로 추측되는 점상 출혈은 없음을 확인했다. 그런 다음 고인의 입술에 손가락을 대고 들어 올리니 입술 안쪽에 반상 출혈이 보였다.

일단은 조사가 끝났다. 부검과 독성학적 분석이 남아 있었지만, 두 검사 결과가 모두 음성으로 나올 경우 질식사에 해당했다. 범인은 마리에밀리의 입과 코에 쿠션, 베개 또는 무엇이든 부드러운 물건을 대고 눌러서 질식을 일으키고 방광 괄약근의 이완을 유발했음이 틀림없었다.

현장 수색 명령이 떨어졌고, 조사는 전속력으로 진행되었으며, 그자비에는 모든 것을 자백했다. 그는 궁지에 몰렸고, 타살이 입증된 한 범행 가능성이 있는 사람은 오로지 그뿐이었다!

타살임을 밝혀내는 계기가 된 시신의 상처는 미미했지만 결정적이었다. 아무리 의사라 해도 법의학자가 아니라면 그 상처를 주목하지 않고 지나칠 수 있다. 충분히 그럴 수 있다.

---

21 (원주) 힘으로 조르거나 압박을 가하는 행위.

18

술이 해결해 준 살인 사건

하루 일과가 끝나는 오후 5시경, 남자들은 비스트로에서 모임을 가진다. 나는 늘 남자들에게만 그런 습관이 있는 것이 이상하다고 생각했다.

'비스트로(bistrot)'는 1814년 파리가 카자크 군대에 점령되었을 때 생겨난 단어로, 프랑스어로 번역하면 '빨리(vite)'다. 당시 점령군 군인들은 자유 시간이 별로 없었기 때문에, 카페 주인에게 주문한 음료를 빨리 내오라고 명령했다. 이 단어의 어원에 대해서는 논란이 있지만 나는 이 단어가 마음에 든다. 파리 몽마르트르의 테르트르 광장에 가면 '카트린 아주머니네'라는 식당이 있다. 붉은색 외관에 이 사건을 상기시키는 명판이 붙어 있다. 파리 시민들이 이 단어의 탄생 180주년을 기념해서 만든 명판이다.

클로드는 매일 그곳에 갔다. 아내가 죽은 후에는 평소보다 더 자주 방문했다. 가여운 클로드는 어느 날 일을 마치고 집에 돌아와, 아내가 자신이 수년 동안 침대 옆 탁자 서랍에 숨겨 둔 총으로 입안을 쏴 죽어 있는 것을 발견했다. 그의 아버지 소유였고 그가 한 번도 언급한 적 없는 오래된 총이었다.

그는 즉시 응급 구조대에 연락했고, 전화를 받은 담당자가 지시하는 모든 조치를 취했다. 맥박을 재 보았고, 맥박이 느껴지지 않자 아내를 바닥에 눕히고 심장 마사지를 했다. 구조대원들이 도착했을 때, 그는 정신없이 심장 마사지를 하고 있었다. 응급 구조대를 불렀으므로, 실제로 병원 의료 인력인 의사, 간호사와 차량 운전사, 그리고 대규모 장비를 갖춘 두 명의 구조대원이 도착했다. 그들은 그녀를 소생시키려고 노력했지만 성공하지 못했다. 경찰도 도착했지만 클로드는 그들을 보지 못했다.

응급 구조대 의사가 사망을 확인하는 문서를 작성했지만, 구체적인 사망 진단서는 작성하지 않았다. 사망 진단서는 사망을 효과적으로 기록하는 유용하고 유효한 유일한 문서이며 반드시 의사가 작성해야 한다. 응급 구조대 의사는 그녀의 죽음이 폭력에 의한 죽음이므로 구체적인 사망 진단은 자신이 아니라 법의학자가 할 일이라고 말하며 사망 진단을 거부했다. 이는 엄연히 맞는 말이다.

그러나 모든 정황이 명확했음에도 경찰은 한 시간 남짓 기다리면 도착할 법의학자를 기다리지 않고 클로드의 이웃에 사는 의사에게 사망 진단서를 작성해 달라고 요청했다. 의사가 와서 옷을 벗기지 않은 시신을 보았고, 시신의 코에서 피가 흐르는 것을 보고 발사체가 입안을 통과해 두개골 아랫부분이 부서졌고 그래서 코피를 유발했을 거라고 추론했다. 그게 다였다. 그는 자신의 가설을 검증하기 위해 시신의 입안에 손가락을 넣어 보지 않았다.

이제 남은 것은 경찰의 설명을 듣고 전적으로 안심한 검사 대리에게 전화하는 것뿐이었다. 검사 대리는 수사가 이미 끝났고 다음 날 사무실로 조서를 보내야 하므로 '시신을 가족에게 맡기기로' 결정했다.

직장에 복귀한 날부터 클로드는 매일 저녁 카페에 갔고 술을 점점 더 많이 마셨다. 이제 집에는 그를 기다리는 사람이 없었다. 경우에 따라 시간이 너무 늦었다고, 술을 많이 마셨다고 그에게 지적할 사람이 아무도 없었다.

"이건 술이 아니라 맥주예요." 알코올성 비만 증세가 확연한 알코올 중독자들이 이런 변명을 얼마나 많이 하는가? 알코올성 비만은 맥주를 퍼마시는 사람들에게 전형적으로 나타나는, 성냥개비처럼 마른 다리에 배만 불룩 나온 것을 지칭하는 용어로, 흔히 '맥주 배'라고 불린다.

클로드가 카운터 좌석에서 다른 동료와 함께 불행한 이야기를 나누며 맥주를 연거푸 마시고 있는데, 폴이 카페 안으로 들어

왔다. 폴은 힘든 하루를 보냈고, 카페 맞은편의 수영장으로 막내딸을 데리러 가기까지는 아직 두 시간이 남아 있었다. 그래서 카페에서 맥주를 마시기로 했다. 그는 그럴 자격이 있었다.

일과 중에 악성 민원이 계속되면 짜증이 날 수 있다. 오늘의 악성 민원은 한 신사가 이웃이 자기 집 울타리에 오줌을 흘렸다고 불평한 일과 한 아주머니가 이웃의 개가 보도에 오줌을 눴다고 불평한 일이었다. 정말이지 흥미로운 불평들이었다. 경찰인 폴은 치안이 불안한 슬럼가 파출소의 안내 데스크에서 근무했다. 일과를 마친 뒤 그는 경찰 제복을 파출소에 벗어 둔 뒤 아이를 싱크로나이즈드 스위밍 강습에 데려갔다.

폴은 카운터에 앉아 맥주를 주문하고 클로드의 이야기를 멍하니 들으며 천천히 마시기 시작했다. 그들은 서로를 알지 못했다. 맥주에 얼근히 취한 클로드가 옆자리의 폴에게 말을 걸었다. 슬프게도 얼마 전 아내가 세상을 떠났다고 했다. "그런 비극에서 어떻게 살아남았나요?" 홀아비 생활에 대한 전형적인 대화였다.

클로드는 알코올 중독이 부여하는 확신에 따라 자기 옆자리의 남자가 친구라고 생각했다. 알코올 섭취량이 증가하면서 친구의 수가 늘어나는 어리석은 법칙에 따라, 그는 자신이 모든 사람을 속인 이야기를 하기 시작했다. 사실 자신이 안락의자에 앉아 텔레비전을 보고 있던 아내를 죽였다고. "그녀는 아무것도 느끼지 못했어요. 내가 뒤에서 다가갔는데, 나를 보지도 못했죠."

술 취한 사람의 허풍으로 치부하고 그대로 둘 수도 있었지만, 사실 폴은 성실하고 훌륭한 경찰이었다. 그는 카페 주인에게 아내를 잃었다는 이 남자가 누구냐고 조심스럽게 물었다. 카페 주인들은 단골손님들에 대해 잘 안다. 일반적으로 그들의 아내들보다 훨씬 더. 폴은 당혹스러웠다. 만약 이 이야기가 사실이면 어쩌지? 현명한 사람인 경찰서장에게 이 일에 대해 보고하면 어떻게 해야 할지 알게 될 터였다. 폴은 잠을 이루지 못하고 뒤척이다가 다음 날 경찰서장에게 이야기했다. 경찰서장은 얼마 지나지 않아 응급 구조대와 함께 개입한 경찰들의 조서를 찾아냈고, 그들을 호출했다.

현장에 최초로 개입한 경찰들은 그들이 확인한 사실을 다음과 같이 이야기했다. 남편은 주저앉아 있었고, 일반의는 총알이 고인의 입안으로 들어갔다가 뒤통수 밖으로 나온 것으로 판단했다고. 다른 많은 경우처럼 평범한 자살 사건이었다. 그래요, 하지만 그 남편이 자기가 그녀를 죽였다고 인정했어요. 술 마시고 한 이야기이긴 하지만요. 그렇다, 때때로 술은 혀를 느슨하게 만들어 날조를 유발하기도 한다. 경찰서장은 즉시 사건을 당직 검사 대리에게 보고했고, 검사 대리는 사건을 심각하게 여기고 수사판사에게 알렸다.

"안녕하세요, 박사님? 좀 특별한 사건이 있어서 말씀드립니다." 그렇게 나는 이 사건을 조사해 달라는 요청을 받았다. 수사판사는 그 여성이 사망한 지 약 3개월이 지났으며 그 사실이 문제가 될지도 모르겠다고 나에게 알려 주었다. 나는 그를 안심시켰다. 경두개를 통과한 총알은, 부패로 인해 두개골이 파괴되지 않는 한, 몇 달, 심지어 몇 년이 지나도, 다시 말해 2년에서 영원까지 해석 가능한 흔적을 남기기 때문이다.

수사판사는 내 말에 안심하고 무덤에서 시신을 파내게 했다. 시신은 지하 1.5~2미터 깊이에 묻혀 있었다. 관은 약간 부서진 상태였다. 관을 덮은 흙의 무게에 짓눌려서였다. 적어도 우리만큼이나 담대한 마음을 가진 장의사 직원들이 관을 열고, 시신이 흙 속에서 분해되는 특수 비닐 덮개에 아직 싸여 있는지 여부에 상관없이 시신을 꺼냈다.

꺼낸 것을 부검용 테이블 위에 올려놓고 덮개를 벗기자 시신이 드러났다. 시신을 제대로 검사하려면 먼저 옷을 벗겨야 했다. 시신은 석 달 동안 땅속에 묻혀 있던 탓에 전형적인 부패의 징후를 보였지만, 발사체의 사입구가 선명하게 보였다. 그것은 오른쪽 후두부, 즉 머리 뒤쪽에 있었다. 그러나 부패가 제 역할을 다 했고, 사입구나 사출구의 다른 특징은 알아내지 못했다.

그렇게 아무것도 발견하지 못한 채 다른 상처들을 찾기 시작했다. 아무것도 발견하지 못한 채 주로 두개골을 꼼꼼히 살펴보며 다른 구멍을 찾았다. 특히 경구개, 즉 입천장을 확인했다. 경구개는 촉진 아니면 부검을 통해서만 살펴볼 수 있지만, 부검은 아직 시작하지 않았다. 촉진에서 나는 구멍을 감지하지 못했는데, 그건 부패 때문이기도 했지만 손에 낀 부검용 장갑이 평소 사망한 지 얼마 안 된 시체를 부검할 때 착용하는 장갑보다 더 두껍고 범행에 사용된 총의 구경이 작기 때문이기도 했다. 직경 6밀리미터 이하의 매우 작은 구멍을 생성하는 22구경이었다.

경구개는 손상되지 않아서, 발사체가 입을 통해 들어가 생긴 총알 구멍은 없음을 짐작하게 했다. 이 사실이 확인되었으니, 유일하게 눈에 보이는 두개골의 구멍이 필연적으로 발사체의 사입구라는 의미였다. 이러한 상황에서는 총알이 두개골 속에 박혀 있어야 한다.

이를 확인하기 위해 두개골을 열기 전, 나는 촬영을 하지 않고도 화면으로 엑스레이 이미지를 볼 수 있는 X선 투시법을 활용하기로 했다. 나는 X선 투시법을 선호한다. 부검실에 엑스레이 촬영기가 있어서 시신을 병원으로 이송할 필요는 없었다. 기계에 냄새가 배어 사라지지 않기 때문에 부패한 시신을 엑스레이 촬영 하는 데 동의할 병원이 없으니 특히 그렇다.

나는 항상 이렇게 한다. 먼저 X선 투시법으로 발사체의 존재를 확인하고 그것의 위치를 식별한 다음, 해당 부위에 접근해서 찾는다. 아무것도 모르는 상태에서 하는 것보다는 훨씬 간단하다. 우리는 발사체가 만화에서처럼 터널을 만들지는 않더라도 최소한 매우 곧고 위치가 잘 식별되는 궤적으로 들어가고 나갔기를 늘 바란다.

자, 다시 생각해 보자! 경험을 믿자. 그러면 발사체가 어디에 있는지 알아내는 데 도움이 된다. 그러지 않으면 쉽게 찾지 못하거나 발사체가 여러 개일 경우 다 찾아내지 못하고 놓칠 위험이 있다. 신체 안에서 발사체는 그 성질과 속도에 따라 놀라운 궤적을 그릴 수도 있다. 특히 뼈 때문에 방향이 바뀐다면 더욱 그렇다.

다중 사격의 경우에는 궤적을 정확하게 재구성하고 어떤 사입구가 어떤 사출구와 짝을 이루는지 또는 어떤 총알이 몸에 남아 있는지 식별하는 일이 정말이지 복잡하다.

부검실의 엑스레이 기계를 작동하고 두개골에 초점을 맞추니, 빙고! 두개골, 그러니까 왼쪽 눈 바로 위에 발사체 하나가 뚜렷이 보였다. 해결책이 거기에 있었다. 오른쪽 후두부의 총알 구멍은 사입구이지 의사가 추정한 것처럼 사출구일 수가 없었다. 그리고 후두부에 사입구가 있다는 것은 자살과 양립되지 않는다. 누가 자기 목 뒤에 총을 쏘아 자살할 수 있겠는가?

사망 진단서에 서명한 의사를 잘못 판단하게 한 코피는 부검 결과 발사체가 궤적을 그리던 중 두개골 바닥을 부서뜨린 탓에 나온 것으로, 그 의사는 그것을 보고 발사체가 입안을 통과했다고 생각했다.

법의학에서 중요한 것은 믿는 것이 아니라 모든 사람이 믿을 수 있음을 증명하는 것이다. 이것이 우리의 전문성을 정당화한다.

내가 할 일은 그렇게 끝이 났다. 타격을 당하거나 붙잡힌 흔적 같은 다른 상처들이 존재할 경우, 탄도학 연구에 필수적인 발사체를 회수하기 위해 부검을 해야 한다.

클로드는 술을 너무 많이 마시지 않는 편이, 특히나 말을 많이 하지 않는 편이 좋았을 것이다. 그랬다면 그의 범죄는 완전 범죄로 남았을 것이다. 이런 사건을 책에서 읽게 되면 재미있다. 그러나 필요한 조치들이 처음부터 이루어지지 않았기 때문에 그 범행이 "감쪽같이 사라질" 수도 있었다고 상상하면 확실히 기분이 나쁘다.

경찰을 탓할 수는 없다. 폭력으로 사망한 모든 시신을 꼼꼼히 조사하라는 해당 부처 장관의 지시가 없으니 말이다. 어쨌든 법무부가 법의학자의 개입이 없으면 놓칠 수도 있는 살인 사건 추적에 앞장서지 않는다는 사실은 우리를 놀라게 한다. 시신이 발견될 경우 법무부는 전문성이 없는 일반의나 기타 당직 의사들에게 시신 검사를 요청하는 것을 선호한다. 그리고 확실하지 않은 살인 사건을 놓친 것에 대해 일반의를 비난할 수는 없다. 그것이 그들의 전문 분야가 아니기 때문이다.

"우리는 평소에 하는 일만 잘해요." 나는 자주 이렇게 말한다. 그러니 어떤 병이든 나에게 치료해 달라는 부탁은 하지 말기를. 나의 실무 경험은 30년이 넘는 동안 죽은 자들을 검사하는 데 국한되었기 때문에 질병을 치료하는 능력은 없다.

몇 년 전 부모님을 위해 약을 처방해 드린 적이 있다. 그러자 약사가 나에게 전화해 그 약은 15년 전에 단종되었다고 말했다. 시신을 검사하는 것이 일반의나 당직 의사가 할 일이 아니듯이, 살아 있는 사람을 치료하는 것도 내가 할 일이 아니다.

나는 이 문제에 대해 법무부 관계자들에게 여러 차례 건의했다. 하지만 시간 낭비였을 뿐이다. 법무부의 논리는 정의의 논리가 아니라 재정의 논리이기 때문이다. 폭력으로 인한 모든 사망 사건에 반드시 법의학자가 개입하게 하면 미처 알아채지 못한 살인 사건을 꽤 많이 잡아 낼 수 있을 거라고 설명했을 때 나는 이런 대답을 들었다. "하지만 복소 씨, 우리나라 교도소는 이미 꽉 차 있어요!" 법치 국가 정부 기관의 반응이 별로 호의적이지 않았다.

19

여자들의 음모

"고모가 고부를 죽였어요." 테레사의 진술은 이렇게 시작되었다. 테레사는 벨기에로 이주해 온 이탈리아인 부모에게서 태어난 작은 여성이다. 나중에 그녀의 조부모가 늦둥이로 낳은, 그녀 아버지의 막내 여동생 필로메나가 벨기에로 와서 합류했고, 테레사의 어머니가 그녀들을 함께 키웠다. 당시 두 사람은 약 두 살로 서로 동갑이었다. 그녀들은 자매처럼 자라면서 모든 것을 공유했다. 이웃에 살면서 떨어져 지낸 적이 없었다. 테레사가 먼저 결혼했지만, 남편이 그녀와 헤어지고 그녀의 친구 중 한 명과 함께 살면서 혼자가 되었다. 그녀는 앞으로 일어날 일을 전혀 알지 못했다. 고통스러웠던 그 시기에, 필로메나는 다른 때와 마찬가지로 늘 그녀 곁에 있어 주었다. 필로메나는 차라리 자기 남편이 자기를 떠나 다른 여자와 함께 살기를 바랐을 것이다.

    하지만 누가 그녀의 남편을 원하겠는가? 필로메나의 남편 마리오는 15년 전 그녀가 동네 댄스파티에서 만난 친절하고 세심하며 잘생긴 이탈리아 남자였다. 그는 가정을 꾸리고 자녀를 갖고 싶어 했다. 필로메나의 눈에는 이상적인 남자였지만, 테레사의 의견에 따르면 약간 지루한 남자였다. 6개월 동안 교제한 후, 필로메나와 마리오는 관례에 따라 그들의 운명을 하나로 묶어 기쁠 때나 슬플 때나 삶을 함께하기로 했다. 이후 기쁨은 빠르게 지나가고 슬픔이 찾아왔다. 의사의 진찰에 따르면 그들은 아이를 가질 수 없었다. 마리오의 무정자증 때문이었다. 시험관 시술도 불가능하다고 했다. 그들에게는 참으로 실망스러운 일이었다! 그들은 한동안 입양을 고려하다가, 그들로서는 도저히 극복할 수 없을 듯한 행정적 어려움에 직면하고 포기했다. 마리오는 스스로를 원망했고, 무정자증은 그의 정력을 영구적으로 죽여 버렸다. 그리고 필로메나는 기회가 있을 때마다, 부부 싸움을 할 때마다 그 사실을 그에게 상기시켰다. 논쟁이 벌어졌고 점점 더 빈번해졌다. 마리오는 더 이상 자신을 돌보지 않고 되는대로 살기 시작했다. 절망을 음식으로 보상받으려 했다. 과식을 하고 지나치게 단 음식을 먹었다. 슈퍼마켓 계산대 앞에 멋있게 진열된 간식들에 탐닉했다. 그런 음식은 힘들게 찾을 필요도 없다. 계산대 앞에만 가면 거기서 우리를 기다리고 있으니까. 이것이 우리가 정크푸드에 이끌리는 진짜 동기이다.

　잘생긴 남자였던 마리오는 비만이 되었다. 회사 건강 검진에서 혈액 검사를 했는데 초기 당뇨병 진단을 받았고, 일반의의 진찰을 받아야 했다. 당뇨병이라는 단어는 수년 동안 정크푸드와 단 음식을 과하게 섭취한 것에 대한 필연적인 대가처럼 들렸다. "쓰레기 같은 음식을 먹으니 당연지사지." 필로메나는 평소 자주 하던 대로 그에게 소리쳤다. 마리오에게는 담당 일반의가 없었고, 필로메나가 이웃들의 추천으로 파트리크 박사를 소개받았다. 그가 진료를 아주 잘 본다고 했다.

　필로메나는 마리오를 위해 파트리크 박사와 진료 예약을 잡고 함께 가기로 했다. 마리오가 자기 식습관의 진실을 축소해서 말하지는 않는지 확인하고 싶었던 것이다. 파트리크 박사는 호감 가는 사람이었고, 잘생기진 않았지만 놀라운 매력을 갖고 있었다. 처음 그를 보고 나서 필로메나가 정신을 차리기까지 잠시 시간이 걸렸다. 나중에 그녀가 말했듯이, 그는 "그녀의 눈을 사로잡았다." 필로메나는 마리오를 대신해 파트리크 박사에게 말했다. 하나도 빠뜨리지 않고 언급했다. 마리오가 세 단어 정도 말하는 동안 정말 많은 이야기를 했다. 우리 의사들은 남편에게 애인보다는 어머니가 되어 버리는 아내들을 잘 알고 있다. 남편에게 질문해도 아내가 대답한다. 대부분의 경우 남편들은 아내가 자기를 위해 그렇게 하는 데 너무 익숙해서 별다른 반응조차 보이지 않는다. 그래서인지 마치 수의사가 된 듯한 느낌이 든다. "그래서 멍멍아, 너한테 무슨 문제가 있는 거니?" 수의사가 개를 쓰다듬고 구슬리며 이렇게 물으면 당연히 개 주인이 대답한다. 마리오와 필로메나 부부도 마찬가지였다. 더 나쁜 것은 남편에게 조용히 하라고 명령하는 아내들이 있다는 사실이다. 때때로 우리는 높은 산봉우리를 맞닥뜨린다! 마리오는 다시 혈액 검사를 받기로 하고 진료실에서 나왔고, 필로메나는 파트리크 박사에게 큰 호감을 느꼈다. 그녀는 그를 다시 만나기로 결심했다!

우선 필로메나는 그의 뒷조사를 시작했다. 먼저 페이스북으로. 페이스북이 필로메나뿐만 아니라 개인의 생활 양식과 휴가 일정을 확인하려는 세무 당국이나 아프다고 말한 직원이 정말로 아픈지 확인하려는 고용주에게도 정보의 광산인 것은 사실이다. 개인의 사생활 존중이 이토록 자주 언급된 적이 없는 시대에 페이스북은 대세의 흐름에 맞서 헤엄치는 관음증 환자들과 노출증 환자들의 사이트로 여겨질 수도 있다.

필로메나는 페이스북에서 파트리크 박사의 휴가 사진을 발견하고, 배가 조금 나오기 시작한 40대의 몸이지만 수영복을 입은 모습이 나쁘지 않다고 생각했다. 아내나 자녀들의 사진은 없어서 필로메나는 그가 자녀 없는 독신남일 거라고 추론했지만 안심되지는 않았다. 40대에 자녀 없는 독신남은 완벽하게 성숙한 사람이 아닐 수도 있다고 생각했기 때문이다. 그러나 안타깝게도 그녀는 그다음 주에 있지도 않는 두통을 핑계로 그에게 진료를 받으러 가기로 했다. 마리오가 캐묻지 못하게 하려고 아마도 그에게 머리가 아프다고 수없이 말하지 않았을까? 이번에는 그녀의 가짜 두통이 수작을 시작하는 데 도움이 될 터였다.

진료를 받으러 갈 때 필로메나는 여전히 아름다운 다리가 드러나는 짧은 스커트와 B컵을 마치 C컵처럼 보이게 하는, 몸에 찰싹 달라붙는 상의를 입었다. 그녀는 매우 예뻤고, 오랜만에 그것을 보여 줄 생각이었다. 필로메나가 병원으로 출발할 때 마리오는 누워서 TV를 보고 있었고 아무것도 눈치채지 못했다. 진료는 매우 순조롭게 이루어졌다. 파트리크 박사는 시종일관 필로메나에게 미소를 지었고, 필로메나는 그가 그녀보다 앞서 들어간 두 환자보다 그녀에게 더 많은 시간을 할애한다는 인상까지 받았다. 필로메나가 병원 직원이 잡아 준 예약 시간보다 훨씬 일찍 도착했다는 사실도 말해야 한다. 진찰이 시작되었다. 그가 그녀의 복부에 손을 얹었을 때 그녀는 살짝 전율했고, 그런 모습이 보이지 않으면 좋겠다고 생각했다. 그의 손은 따뜻하고 보송했으며, 육체 노동자인 남편의 손에 비해 너무나 부드러웠다. 진찰이 끝나자 의사는 그녀에게 심각한 문제는 없다고 말했고, 실제로 아무 문제가 없었기 때문에 그녀는 놀라지 않았다. 지난 한 달 동안 두통이 점점 심해졌다는 그녀의 말을 듣고, 그는 진통제를 처방해 준 뒤 뇌 MRI를 찍어 보라고 했다. 그건 좋은 생각이었다. 의사를 한 번 더 만나러 올 수 있는 훌륭한 구실이었기 때문이다. 하지만 그러기까지는 시간이 오래 걸릴 것 같았다. MRI 검사는 엑스레이 검사와는 달랐다. 대기자 명단이 있는 데다, 필로메나는 긴급으로 검사를 받게 해 줄 수 있는 사람을 알지 못했다. 그렇지, 긴급 상황. 좋은 생각이야! 필로메나는 극심한 두통을 호소하며 응급실로 갔다. 이미 의사의 진찰을 받았고 MRI 검사 처방도 받았지만, 대기 시간이 많이 지연되어 아직 MRI 검사를 받을 수 없었다. 하지만 그런 사정과 상관없이 응급실 의사가 잘 처리해 주었다. 두 시간 후, 필로메나는 MRI 기계 안에 있었다. 건강 검진 받는 것이 그토록 기뻤던 적이 없었다. 결과는 분명했다. 그녀의 몸에는 아무 문제가 없었고, 팔 속으로 흘러 들어가는 강력한 진통제 팩을 떼어 내자 곧바로 집에 갈 수 있었다. 그녀가 물었다. "제 담당 의사 선생님이 이 검사 결과를 받을까요?"

"네, 부인. 이것이 부인의 액세스 코드입니다." 다음 날 필로메나는 진료 대기실에 혼자 있었다. 그녀는 그날의 마지막 진료 시간을 선택했고, 자기 차례 이후에 다른 환자가 오거나 응급 상황이 발생하지 않기를 바랐다.

그녀는 타이트한 청바지와 몸의 윤곽을 드러내는 블라우스 차림으로 진료실에 들어갔다. 이번에 의사는 그녀를 알아보았다. 그의 눈 속에서 그걸 알아차릴 수 있었다. 그는 그녀를 마음에 들어 했다. 모든 조건이 충족되었다. 그녀는 그를 원했고, 그는 그녀를 마음에 들어 했다. 직원이 퇴근하고 나면 더 이상 환자도 없었고, 이 세상에 그들 둘뿐이었다. 계획이 수포로 돌아갈 위험은 없었다. 의사가 진찰을 하기 위해 다가와 그녀를 마주했다. 필로메나의 심장은 긴장과 점점 더 격렬해지는 두근거림으로 부서질 준비가 되어 있었다. 그가 청진기를 그녀의 피부에 댔고 그녀는 그의 손의 온기를 느꼈다. 하지만 손이 그녀에게 닿지는 않았다. 필로메나는 더 이상 참을 수 없어서 양손으로 그의 머리와 목덜미를 움켜잡고 자기 쪽으로 끌어당겼다. 그들의 입술이 닿았고, 그녀는 그에게 키스했다. 놀라움이 지나가자 파트리크는 일단 뒤로 물러서서 그 일이 일어나도록 가만히 있었고, 그런 다음에는 용기를 내 그녀의 가슴에 손을 얹기까지 했다. 필로메나는 기쁨의 정점에 있었다. 그녀는 더 많은 것을 원했고, 그도 그랬다. 옆에 진찰대가 있었고, 필로메나는 그것을 사용할 예정이었다.

바로 이렇게 모든 일이 시작되었다. 그냥 스쳐 지나갈 수도 있었던 순간에서, 두 연인을 하나로 묶는 진정한 사랑이 탄생했다. 그 그림 속에 유일한 장애물이 있다면 마리오였다. 한동안은 진료 시간 후 만남을 가지는 것이 좋은 방법으로 보였지만, 그 방법은 오랫동안 지속하기가 힘들었다. 다른 시간에 둘이 만나고, 레스토랑에 가고, 영화관에 가고, 여행할 방법을 찾아야 했다. 파트리크가 공기처럼 자유로웠던 만큼, 필로메나가 느낀 자유의 제한은, 때때로 발휘되는 그녀의 인내심이 아니었다면, 훨씬 더 고통스러웠을 것이다. 파트리크는 필로메나가 이혼하지 못할 거라고 생각했다. 의심의 여지가 없었다. 가톨릭교인 필로메나의 집안에서 이혼이란 있을 수 없는 일이었다. "그럼 어떻게 해야 할까요, 필로메나? 결국 우리가 그를 죽여야 하지 않을까요?" 필로메나는 대답하지 않았지만 당황했다. 그녀도 같은 생각을 하고 있었던 것이다.

모든 것이 착착 진행되었다. 마지막 세부 사항들이 며칠 전에 확정되었고, 디데이는 오늘 저녁이었다. 초대장은 두 주 전에 발송되었다. 예정된 참석자는 여덟 명이었고, 모두가 참석하겠다고 답했다. 이웃에 사는 매우 상냥한 커플, 테레사, 친구 두 명, 마리오, 필로메나, 그리고⋯⋯ 파트리크가 올 터였다. 필로메나는 테레사를 신뢰했다. 눈치가 빠른 테레사는 필로메나에게 뭔가 변화가 일어났고, 그 뒤에는 남자가 있다는 것을 알아차렸다. 그리고 별 어려움 없이 필로메나가 속내를 털어놓게 만들었다. 필로메나도 마침 그 금지된 행복을 누군가와 나누고 싶어 죽을 지경이었고, 그 대상으로 그녀의 조카이자 여동생이자 평생의 친구인 테레사보다 더 나은 사람은 없었다. 테레사는 고모에게 기대어 홍합처럼 존재감 없이 살고 연체동물처럼 불쾌감을 불러일으키는 거추장스러운 고모부를 고모가 처리한다는 데 큰 불편을 느끼지 않았다. 적어도 홍합은 먹을 수 있겠다고 농담하며 웃기까지 했다. 간단히 말해, 그가 살아 있든 죽든 테레사에게는 별반 다를 것이 없었다.

　　운명의 저녁이 다가왔고 모든 것이 준비되었다. 식전주가 식탁에 놓였다. 여자들은 손님들에게 샴페인을 따라 주며 분위기를 과하게 몰아갔다. 마리오의 죽음을 축하하는 샴페인이었다. "적어도 그 사람은 마지막으로 그걸 즐겼을 거예요. 그래도 우리가 아주 못되지는 않았던 거죠."라고 필로메나는 말했다. 식전주 다음으로는 두 여자가 사랑으로 요리한 메인 요리 쿠스쿠스가 주방에 준비되어 있었다. 식탁 위에는 음식이 없었다. 필로메나는 "내 하얀 식탁보에 얼룩이 생길 것 같아서요."라고 말했다. 여자들은 식탁 앞에 앉은 모든 사람이 보는 앞에서 마리오를 죽이기 위해 파트리크가 갖다준 약을 주방에서 마리오 몫의 접시에 넣었다. 테레사가 알약을 가루로 만든 뒤, 사고가 일어나거나 마리오가 우연히 발견하지 않도록 작은 그릇에 담아 찬장에 숨겨 놓았다. 마지막 순간에 꺼내 사용할 예정이었다. 그리고 그 순간이 왔다! 테레사는 떨지 않고 가루약을 마리오의 접시에 다량 부었다.

　　마리오는 음식을 모두 먹었다. 그리고 예상과는 달리 계속 살아 있었다. 이제 디저트가 남았다. 그날 필로메나가 제과점에서 사 온 생크림을 얹은 케이크였다. 그녀는 디저트를 살까 말까 망설였다. 결국 마리오는 죽을 것이고, 그러고 나면 아무도 디저트를 먹지 않을 것이기 때문이었다. 하지만 디저트를 마련하지 않은 것이 의심스러워 보일 수도 있다고 생각했다. 그래서 확신도 없이 그 케이크를 샀는데, 결과적으로 잘한 셈이었다. 그녀는 스스로를 칭찬했다. 가루약이 조금 남아 있었고, 테레사는 마리오 몫의 케이크에 남은 가루약을 전부 비워 냈다.

바로 그때 예상치 못한 문제가 발생했다. 생크림이 약에 반응해 녹색을 띤 것이다. 마침 식당에는 조명을 완전히 끄지 않고 단계적으로 어둡게 할 수 있는 조절 장치가 설치되어 있었다. 마리오가 설치한 것이다. 필로메나는 더 낭만적일 거라고 말하며 조명을 어둡게 했다. 이 책략 덕분에 아무도 생크림 케이크가 녹색을 띤 것을 보지 못했다. 심지어 마리오도 한가롭게 대화를 나누며 케이크를 맛있게 먹었다.

마리오는 소화제를 먹으려고 일어나다가 심장 부정맥으로 쓰러졌다. 파트리크가 심폐소생술을 시작했지만 실제로 하지는 않았고, 테레사는 도움을 요청했고, 필로메나는 눈물을 흘렸다. 그러나 마리오는 회복되지 않았고, 손님들은 깜짝 놀라 불쌍한 필로메나를 도와주었다. 구급차가 도착했고, 응급 구조대가 뒤를 이었다. 진짜 심폐소생술이 다시 시행되었지만, 20분 뒤 마리오가 죽었다는 사실을 받아들여야 했다. 파트리크는 자연사라고 사망 진단서를 작성했다.

장례식에는 조문객이 별로 없었다. 마리오가 사교 생활을 하지 않았고 아는 사람도 별로 없었기 때문이다. 운명적인 저녁 식사에 참석했던 손님들이 장례식장에서 다른 사람들에게 마리오가 어떻게 세상을 떠났는지 이야기했다. 모든 것이 계획대로 잘되었다. 완전 범죄. 그러나 모든 완전 범죄에는 결함이 있고, 그 결함은 곧 테레사에 의해 드러날 터였다.

필로메나와 파트리크는 몇 주 동안 신중한 태도를 유지한 뒤 다시 만나기 시작했다. 얼마 지나지 않아 그들은 관계를 더 이상 숨기지 않았다. 모든 것이 잘되어 갔고, 필로메나는 마리오가 살았던 곳에서 살고 싶지 않아 파트리크의 집으로 옮겨 가 함께 살았다. 시간이 흘러갔다. 시간은 천천히 흘렀다. 파트리크가 테레사에게 키스하는 모습을 필로메나가 불시에 목격한 그날까지. 필로메나는 높은 곳에서 순식간에 추락했다. 그녀는 비명을 지르고, 울부짖고, 파트리크를 때리고, 테레사의 따귀를 갈겼다. 분노를 마구 터뜨렸다. 어떻게 그들이 나에게 이런 짓을 할 수 있단 말인가? 이런 일이 언제부터 계속되었지? 그들은 이미 돌이킬 수 없는 일을 저지른 걸까? 필로메나는 모든 것을 알고 싶었다. "자기 남편을 죽인 주제에 나에게 무슨 훈계를 하는 거야?" 테레사가 고함을 쳤다. 테레사를 전적으로 믿었던 필로메나에게는 너무나 큰 충격이었다. 주먹질, 발길질, 머리채 뜯기, 물기 등이 포함된 난투극이 이어졌으며, 파트리크는 그녀들을 진정시키려고 노력했지만 이렇다 할 성과를 거두지 못했다.

다음 날, 테레사는 경찰서에 가서 자신과 파트리크의 범행 가담 사실을 빼고 모든 것을 털어놓았다. 이후 필로메나는 면밀

한 진술을 통해 테레사와 파트리크가 범행에 가담했다는 사실을 부메랑처럼 드러냈다. 테레사는 의사와 함께 구치소에 갇혔고, 세 사람 모두 형사 법정에 서게 되었다.

　재판을 기다리는 사이 우리는 마리오의 시신을 부검했다. 부검에서 치료를 위한 것이 아니라 그를 죽게 만든 약물의 흔적을 발견했다. 수사판사는 최근에 사망한 그들의 다른 가족의 시신도 모두 파내 그들 역시 독극물로 사망하지 않았는지 확인하게 했으나 그렇지는 않았다.

　독극물을 이용한 살인은 언제나 남성보다는 여성의 몫이었다. 특히 신체적 완력을 사용하는 것 말고는 사람을 살해할 다른 방법이 없던 옛날에는 일반적으로 여성이 남성보다 열세였다.

　역사를 떠올려 보자. 프랑스 왕 루이 14세의 재위 기간(1643~1715년)에 발생했고 그의 통치 기간 중에 일어난 가장 큰 추문 중 하나인 유명한 '독극물 사건'(1672~1679년) 말이다. 왕의 정부(情婦)인 몽테스팡 부인과 연루된 사건이었기 때문에 더욱 충격적이었다. 이 사건은 1672년 수사관들이 어느 기병 장교의 사망 사건을 수사하다가 그의 정부인 브랭빌리에 후작부인이 보낸 편지들을 발견하면서 시작되었다. 브랭빌리에 후작부인은 그 편지들에서 자신이 비소와 두꺼비 점액을 섞은 물질로 자신의 아버지와 두 형제들을 독살했다고 말했다. 이 사실이 발각되자 후작부인은 처음에는 영국으로, 다음에는 발랑시엔으로, 그다음에는 네덜

란드로 도망쳤고, 마침내 리에주에서 체포되어 프랑스로 송환되었다. 재판을 받은 후 1676년 참수형을 받고 화장된 후 재가 뿌려졌다.

또 다른 사건은 몇 년 후인 1679년에 일어났다. '검은 미사' 사건으로, 사제들이 소위 '사탄적' 의식에 따라 미사를 집전했으며 갓난아기들을 희생 제물로 바치고 벌거벗은 여자의 몸 위에서 거꾸로 미사를 드리기도 했다. 이 사건에는 마법, 독극물, 유명한 귀족들이 한데 뒤섞여 있었고, 루이 14세의 명에 의해 경찰총감 라 레이니가 이끄는 화형 재판소가 설립되었다. 그의 수사를 통해 많은 사람들이 독살 혐의로 체포되었는데, 그중에는 '라 부아쟁'이라고 불리던 몽부아쟁 부인이 있었다. 그녀는 온갖 종류의 묘약을 사람들에게 공급했는데, 일부는 사랑의 묘약처럼 별로 위험하지 않은 약물이었지만, 남편이나 아버지, 형제를 죽이기 위한 가루약도 있었다. 아마 그 가루약은 비소로 만들어졌을 것이다. 바로 이 시기부터 비소는 '상속 분말'이라는 별명을 갖게 되었다. 라 부아쟁의 딸은 왕국의 권력자들, 특히 라 부아쟁으로부터 사랑의 묘약 같은 약물을 구한 것으로 알려진 루이 14세의 공인된 정부 몽테스팡 부인과의 관련성을 폭로해 버렸다. 몽테스팡 부인의 목적은 한결같지 않은 왕의 사랑을 꾸준히 누리는 것이었다. 그녀의 알몸 위에서 검은 미사가 행해진 적도 있다고 전해지지만 입증되지는 않았다. 어쨌든 이 사건으로 왕은 그녀를 외면하게 되었다. 독극물 사건을 통해 주로 여성을 대상으로 기소 442건, 판결 104건, 사형 선고 36건이 이루어졌다.

수세기 동안 독극물은 사이안화물을 제외하면 식별이 불가능했다. 사이안화물은 씁쓸한 아몬드 냄새를 풍기는데, 유전적으로 특정하게 암호화된 사람들만 이 냄새를 감지할 수 있다. 다시 말해 사이안화물 냄새를 맡으려면 특별한 유전자가 필요하다. 그 유전자가 없으면 냄새를 맡지 못한다.

1814년, 의사이자 화학자이자 파리 의과대학 학장이었던 오르필라(1787~1853년)가 『독에 관한 논문』을 출판했다. 1826년 이 논문은 『광물계, 식물계, 동물계의 독에 관한 논문 또는 생리학, 병리학, 법의학과 관련한 일반 독성학 논문』이 되었다. 분석화학 분야가 첫걸음을 내디디던 시기였다. 그는 이 논문에서 각각의 독과 그것이 유발하는 증상들을 설명하고 그것들을 범주별로 분류한 다음, 당시에는 아직 매우 취약했던 진단법에 도전했다.

1851년에는 한 벨기에인이 독극물인 니코틴의 성질을 밝혀내는 데 성공했다. 우리가 담배에서 다른 오물들과 함께 발견하는 것이 바로 이 물질이다. 아버지보다 먼저 세상을 떠나지 않았다면 백작이 되었을 이폴리트 비자르 드 보카르메는 재정 문제로 고통받고 있었다. 그는 1843년에 그와 결혼한 리디 푸니의 상속 재산으로 재정 문제를 해결하고 싶었다. 하지만 아내의 상속 재산이 충분하지 않아 처남 귀스타브의 상속 재산에도 욕심을 냈다. 하지만 귀스타브는 아직 살아 있었고, 설상가상으로 무일푼의 귀족 여성과 결혼할 생각까지 했다. 이폴리트는 가명으로 헨트 산업학교의 화학 과정에 등록해 담배에서 에센셜 오일을 추출하는 방법을 배웠다. 에센셜 오일을 대량으로 추출해 동물에게 실험해 본 다음, 비트르몽 성(城)(투르네와 몽스 사이 뷔리에 있음)을 방문하는 동안 처남 귀스타브에게 일부를 투여했다. 귀스타브는 이폴리트와 여동생이 보는 앞에서 뇌졸중 발작으로 사망했다. 뇌졸중은 뇌출혈로 뇌 활동이 갑자기 중단되는 것을 뜻하는 오래된 용어다. 귀스타브의 사망 원인을 명확히 밝혀내지 못한 지역 당국은 의사 세 명에게 부검을 하게 하고 화학자 장세르베 스타스에게 독성 분석을 의뢰했다. 스타스는 귀스타브의 내장을 작은 조각으로 자르고 오늘날에 시행하는 것과 매우 유사한 화학적 공정을 거쳤으며, 그 과정을 통해 니코틴으로 식별되는 알칼로이드 성분을 검출해 냈다. 스타스는 이렇게 말했다. "나는 고인이 독성 물질을 섭취했다고 결론지었습니다. 그 물질은 담배 속에 존재하는 유기 알칼리인 니코틴이며, 세상에 알려진 가장 강력한 독극물 중 하나입니다." 수사관들은 이폴리트 집의 가짜 천장 위에 화학 실험실이 숨겨져 있는 것을 발견했고, 모든 것이 밝혀졌다. 이폴리트 비자르 드 보카르메는 유죄 판결을 받고 1851년 7월 19일 몽스 대광장의 단두대에서 처형되었다. 그는 단두대에서 처형된 몽스의 마지막 사형수이고, 장 세르베 스타스는 니코틴의 존재를 최초로 입증한 사람이다.

장 세르베 스타스와 함께 많은 독극물이 발견되고 많은 범죄자를 처벌할 수 있는 과학 시대가 시작되었다. 독극물이 맹위를 떨치던 시대는 끝났다. 독을 탐지할 수 있게 되자 범죄도 탐지할 수 있게 되었고, 범인은 혼란 없이 곧 잡혔다. 이후로 독살 사건은 대폭 감소하거나 거의 사라졌다. 그러나 거의 사라졌다고 해서 무시해서는 안 된다. 아직 놓쳐서는 안 되는 희귀한 사건이 몇 가지 남아 있기 때문이다.

피해자의 몸이 경직된 상태가 오랫동안 이어졌고 그런 현상이 특정한 유형의 독의 특징이기 때문에 내가 알아낼 수 있었던 경우가 딱 한 번 있다.

몇 년 전, 프란츠라는 남자가 텔레비전에서 나를 보고 전문 감정을 받고 싶다며 면담을 요청했고, 내 비서가 그 요청을 수락했다. 나는 조금 난처했다. 나는 사법부의 요청을 제외하고는 일과 관련해 아무도 만나 본 적이 없었고, 그 만남은 사법부와 관련 없는 일이었기 때문이다. 이런 사정을 그 남자에게 설명해야 한다고 생각했지만 그럴 필요는 없었다. 그는 완전히 다른 성질의 사건 때문에 나를 찾아왔기 때문이다. "박사님, 텔레비전을 보다가 잠드는 문제 때문에 박사님을 찾아왔습니다." 나는 머리가 좀 이상한 사람과의 면담을 수락했다고 속으로 비서를 원망했다. "하지만 저도 그러는 경우가 있습니다."

"아니에요, 박사님. 제 말을 이해하지 못하시는군요. 특정한 날에만 그래요. 그렇게 잠이 들면 다음 날 아침에 출근하도록 아내가 깨워 줘야 하고, 그러고 나면 그날 하루는 온종일 정신이 몽롱해요." 갑자기 그 남자에게 관심이 가기 시작했다. 그는 머리가 이상한 것이 전혀 아니었다. 오히려 그 반대였다. 그는 최근에 지어진 고전적인 집에서 아내 앙투아네트와 갓 태어난 아기와 함께 살고 있었다.

"그런 증상을 겪는 사람이 당신 혼자뿐인가요? 당신 아내도 같은 증상을 겪지는 않아요?"

"네, 박사님."

"그런 증상이 저녁에만 있고 낮 동안에는 전혀 없나요?"

"네, 그렇습니다."

"메스꺼움, 구토, 두통, 실신, 이명, 복통 같은 다른 증상은 없나요?"

온갖 증상을 전부 주워섬기고 나서, 나는 그가 깊이 잠드는 것 말고는 독극물 중독의 다른 증상은 겪지 않는다는 것을 알게 되었다. 이야기를 나누던 중 우리에게 해결책을 제공해 줄 아이디어가 내 머릿속에 떠올랐다.

"아내와 같은 음식을 먹나요?"

"네, 박사님."

"혹시 당신은 먹고 아내는 먹지 않는 것은 없나요?" 프란츠는 잠시 생각에 잠겼다가 대답했다. "있습니다. 커피요. 제가 텔레비전 뉴스를 보는 동안 그녀가 저를 위해 커피를 만들어 줘요." 실마리를 잡았다.

"당신이 나를 만나러 온 걸 아내분이 알고 있습니까?"

"아뇨, 말하고 싶지 않았습니다. 말하면 제가 미쳤다고 생각할 거예요." 바로 그것이 나의 첫 느낌이기도 했다는 걸 차마 그에게 말할 수는 없었다.

"주치의와 상담해 보시지 않고요."

"주치의가 없어서 그럴 수가 없었어요."

"좋아요. 제가 드릴 제안은 다음과 같습니다."

나는 혈액이나 소변을 담는 데 사용하는 샘플 병 일곱 개를 그에게 주면서, 매일 저녁 아내가 준비해 준 커피를 마시기 전에 샘플을 채취해 그 병 안에 잘 숨겨 놓으라고 했다. 각각의 병에는 사용한 요일을 나타내는 라벨이 붙어 있었고, 그가 깊이 잠든 날에 해당하는 병에 십자 표시를 하기로 했다.

"박사님, 제 아내가 저를 독살하려 한다고 생각하시나요?"

"현재로서는 아무 생각도 하지 않고, 상황을 이해하려고 노력 중입니다." 나는 그의 태도가 변하지 않기를 바랐다. 혹시라도 태도가 변하면 내가 문제의 원인으로 의심하는 그의 아내의 관심을 끌 위험이 있었으니 말이다. 비록 아직은 방법을 모르더라도.

다음 주에 프란츠는 초조한 마음으로 나를 기다리고 있었다.

그는 텔레비전 앞에서 잠든 날 소파 밑에 숨겨 두었던 병을 모두 가지고 왔다. 내 조언에 따라 그는 아내에게 계속 아무 말도 하지 않았다. 나는 그 병들을 독성학 연구실에 넘겼고, 일주일 후 그가 소파에서 두 번 더 잠든 뒤 보고서가 나에게 도착했다. 나는 보고서 내용을 말해 주고 고대 중국인이라면 쉽게 지나쳤을 용어들을 설명해 주기 위해 프란츠를 다시 만났다. 독성학 연구실에서는 프란츠가 잠든 날의 것인 십자 표시가 있는 병에 담긴 커피에 수면제인 벤조디아제핀계 약물 발륨이 다량 함유되어 있음을 밝혀냈다. 처음 만났을 때 내가 이런저런 질문을 한 이후로 어느 정도 예상을 하고 있었음에도 프란츠는 충격에 빠졌다.

 프란츠는 경찰에 고소장을 제출했고, 경찰이 즉시 그의 집에 찾아왔다. 그의 아내는 시간을 끌지 않고 자백했다. 좀 엉뚱한 사연이었다. 앙투아네트는 몇 달 전에 아이를 낳았고 아이와 떨어져 있고 싶지 않았다. 하지만 그녀에게는 애인이 있었고 그를 만나고 싶은 욕구에 마음이 찢어졌다. 자신의 욕망 중 어느 하나도 포기하지 않기 위해 그녀는 프란츠가 수면제를 마시고 거실에서 자고 있는 동안 애인을 집으로 불렀다.

 프란츠는 충격을 잘 견뎠고, 상황을 고려해 나를 다시 찾아와 아기의 친자 검사를 요청했다. 그의 추측이 옳았다. 친자 검사 결과 그는 아이의 아버지가 아니었다. 그를 둘러싸고 있던 세계가 무너졌고, 프란츠는 새로운 삶에 자리를 마련해야 했다.

20

장의사들의 직감

 토요일 아침에도 나는 평소와 마찬가지로 정확히 오전 6시 20분에 일어난다. 생활의 리듬을 잃지 않으려면 평소 리듬을 유지하는 것이 가장 간단한 방법이기 때문이다. 욕실에 잠깐 들어갔다가 주방에 들른다. 하지만 나는 식기 세척기에 그릇을 채우기 싫어서 아침을 먹지 않기 때문에, 당직으로 호출받은 경우를 제외하고는 곧장 사무실로 가서 보고서를 작성하고, 최근에 온 이메일들에 답장하고, 일정을 정리하고, 미지불금을 지불하며 하루의 대부분을 보낸다.
 법의학자의 당직은 하루 평균 두세 통의 통화로 이루어진다. 주로 사망자를 보러 가야 하지만, 때로는 성폭행 피해를 호소하는 사람을 조사하거나 학대받는다고 의심되는 어린이를 조사해야 하는 경우도 있다.

오전 10시경 전화벨이 울렸다. "안녕하세요, 박사님? ○○에 가 보실 수 있을까요? 한 여성이 거실에서 숨진 채 발견되었는데, 장의사 직원들이 이상하다고 연락을 해 왔습니다." 장의사 직원들이 고인에 대해 의문을 제기한다면, 그들의 말에 귀 기울이고 관심을 가지는 것이 좋다. 죽은 사람을 많이 보아 온 그들이 고인에 대해 느끼는 단순한 의구심만으로도 법의학적 조사가 필요한 경우가 많기 때문이다.

그곳은 강과 면한 거리에 있는 작은 집으로, 지난 세기의 노동자 주거지처럼 현관문이 곧장 거실을 향해 열렸다.

고인인 아니타는 얼굴이 드러난 채 담요에 덮여 갈색 인조 가죽 소파에 눕혀져 있었다. 얼굴이 차분해 보였지만 그것을 믿어서는 안 된다. 고인의 차분한 얼굴이 항상 가족과 지인들을 안심시킨다는 것을 나는 알고 있다. 그러나 이는 그들을 안심시키고 특별히 힘든 그 순간에 그들의 마음을 약간 편안하게 해 줄 뿐이다. 앞으로 보게 되겠지만, 엄밀히 말하면 고인의 얼굴 표정은 아무런 의미도 없다.

아니타는 알몸이었는데, 머리카락이 비정상적으로 축축했다. 소파의 인조 가죽 때문에 축축함이 유지된 것 같았다. 경찰들은 아니타가 프랑수아와 결혼해 함께 살았으며 부부 사이에 문제가 있는 것으로 알려지지는 않았다고 나에게 설명했다. 그들 중 누구도 경찰에 입건된 적은 없었다. 전날 저녁 그들은 함께 식사를 했고, 아니타가 한 살과 두 살인 아이들을 재운 뒤 「금요일엔 뭐든 해도 돼」[22]를 같이 시청한 후 잠자리에 들었다.

다음 날 오전 8시경 잠에서 깨어난 프랑수아는 아니타가 침대에 없다는 걸 알아차렸다. 아이들이 깨워서 아니타가 잠자리에서 일어나 아이들을 돌보고 있을 거라고 생각했기 때문에 별로 걱정하지 않았다. 프랑수아는 잠이 들면 누가 업어 가도 모르는 사람이지만, 아니타는 그렇지 않아서 작은 소리에도 잠에서 깼다.

프랑수아는 잠시 욕실에 다녀온 후 아래층으로 내려갔고, 아이들이 놀이방에서 놀고 있고 아니타는 의식을 잃은 채 거실 소파에 쓰러져 있는 것을 발견했다. 그는 당직 의사에게 즉시 전화를 걸어 아내의 사망 소식을 알렸다. 의사가 사망 진단서를 작성해주었고, 프랑수아는 장의사에 전화를 걸었다. 응급 구조대에는 전화하지 않았다.

나는 아니타의 긴 갈색 머리가 축축이 젖어 있는 것을 확인하며 조사를 시작했다. 그건 정상적인 일이 아니었다. 그때 프랑수아가 거실로 들이닥쳤다.

법의학자가 시신을 조사할 때는 항상 경찰만 입회한다. 아무에게도 참관이 허가되지 않는다. 감정적 부담을 고려할 때, 가족인 경우에는 특히 더 그렇다. 하지만 프랑수아가 이미 들어왔기

---

22 2011년 12월부터 프랑스 TF1 방송국에서 방영하고 있는 예능 프로그램.

때문에, 나는 수상하다고 느끼며 그에게 아내의 머리카락이 왜 축축하냐고 물었다. 프랑수아는 아니타의 몸이 "정말이지 난로 같고" 겨울에도 항상 뜨거워서 얇은 시트만 덮고 잔다고, 심지어 더 시원한 곳을 찾아 거실로 내려가 소파에 눕기도 한다고 설명했다.

"처음부터 알몸으로 잠자리에 들었나요?"

"네, 알몸으로요. 그러지 않으면 너무 더워해서요."

"머리카락은요?"

"그래요, 젖어 있네요. 그건 정상이에요. 땀을 많이 흘리거든요."

나는 그렇다면 그건 땀을 흘리는 것이 아니라, 소변이 머리카락으로 배출되는 역사상 최초의 사례일 거라고 속으로 생각했다. 정말로 그런 경우라면 노벨상이 내 눈앞에 있는 것이나 마찬가지였다. 다음으로 나는 아니타의 입을 벌려 보고 훨씬 더 많은 양의 거품이 이는 액체가 입과 코를 통해 흘러나오는 것을 발견했다. 그것은 '점액괴'가 분명했다.

점액괴는 폐 안의 공기, 외부에서 들어온 물, 폐포 벽을 덮고 있는 표면 활성 물질이 섞여서 생긴다. 그것은 익사 초기의 일시적 증거다. 당국의 정의에 따르면, 일반적으로 익사자는 시신이 물속에서 꺼내진 사망자다. 물속에 잠긴 시신이 모두 젖어서 나오는 것과 마찬가지로, 물속에서 발견되는 사망자도 모두 익사해서 나온다. 그렇기는 하지만 '익사자'에는 세 가지 유형이 있다. 물을 흡입해서 사망한 사람, 차가운 물의 충격이나 갑작스러운 체온 상승으로 사망한 사람, 그리고 이미 사망한 뒤 물속에 던져진 사람이다.

이 세 유형에는 어떤 차이가 있을까? 여러분은 수영장에서 다음과 같은 게임을 해본 적이 있을 것이다. 물속 깊이 들어가 가능한 한 오래 숨을 참는 게임 말이다. 호흡 정지의 지속 시간은 각자 받은 훈련에 따라 달라지지만, 어떤 훈련을 받았든 다시 숨을 쉬고 싶은 순간은 반드시 찾아온다. 참고 참다가 더 이상 버틸 수 없을 때 수면으로 올라간다. 하지만 익사한 사람은 수면으로 올라오지 못한다. 호흡을 겨우겨우 참다가 더 이상 참지 못하는 순간이 오고, 결국 숨을 쉬게 된다. 그리고 많은 물을 흡입한다.

잠시 후 의식을 잃게 되고, 점차로 혼수상태에 빠져 사망에 이르게 된다. 심장 세포가 기능하기 위해 필요한 산소를 더 이상 공급받지 못하기 때문이다. 사람이 아직 살아 있는 동안 폐 속으로 물이 들어가고, 혈액은 여전히 순환한다. 이렇듯 살아 있는 사람의 폐 속으로 물이 들어가는 것은 우리에게 두 가지 기본 지표의 근원이 된다.

첫째, 점액괴다. 이것은 이미 설명한 바와 같이 물, 익사 당시 폐 속에 있던 공기, 폐포의 표면 활성 물질로 구성된다. 점액괴는 코와 입을 통해 나오며 하얀 버섯 같은 모양을 형성한다. 이 지표의 문제는 매번 발생하지 않으며 지속 시간이 일반적으로 24시간을 초과하지 않는다는 것이다. 나에게 이송되어 온 시신들은 열흘이 넘게 물속에 있었던 경우가 많았는데, 이는 시신이 부패하면서 생기는 가스의 작용으로 시신이 수면으로 떠오르는 데 걸리는 시간이다. 그러므로 이 시신들이 나에게 도착했을 때 점액괴는 당연히 사라지고 없었다.

둘째, 파이토플랑크톤(식물성 플랑크톤)인 규조류다. 이것은 사람이 익사한 모든 물에 존재한다. 크기가 200만 분의 1미터에서 2억 분의 1미터이기 때문에 육안으로는 볼 수 없으며 현미경으로만 볼 수 있다. 크기가 작아서 폐포의 벽을 통과해 혈액 속으로 들어갈 수 있다. 그리고 혈액은 사람이 살아 있을 때는 계속 순환하므로 몸 전체에서 규조류가 발견될 수 있다. 따라서 우리는 샘플을 채취해 규조류의 존재를 확인한다. 이 지표는 시신 자체만큼 지속된다.

차가운 물의 충격이나 갑작스러운 체온 상승으로 인한 익사는 흔적을 전혀 남기지 않는 반면, 살해된 다음 물속에 던져진 경우에는 사망 원인의 흔적이 발견되는 경우가 많다.

그런데 아니타의 시신에 점액괴가 있었다. 내가 놀라는 걸 알아차리고 프랑수아가 나에게 말했다. "저게 계속 나옵니다. 아무리 닦아 내도 곧바로 다시 나와요." 그래서 나는 그것은 그의 아내가 익사했다는 증거이며 길 건너편의 강물이 밤 동안 강바닥을 떠나 그의 집을, 오로지 그의 집만 침범하지 않은 이상 의심쩍은 일이라고 프랑수아에게 설명했다.

경찰이 프랑수아를 데려가 심문했다. 내가 제기한 추론에 대해, 프랑수아는 그들 부부의 관계가 전혀 좋지 않았다고 재빨리 설명했다. 특히 자녀들이 태어난 이후로 그랬다고 했다. 두 아이가 연년생이라 감당하기가 어려웠다. 오늘 아침에 프랑수아는 아니타와 싸웠다. 그런 다음 아니타가 목욕을 하려고 욕조에 누워 있는 모습을 보았고, 욱하는 마음에 그녀의 머리를 물속으로 밀어 넣었다.

그녀를 죽이려고 한 건 아니었다. 그의 설명에 따르면 그녀가 순식간에 죽어 버렸다고 했다. 충분히 그럴 수 있는 일이었다. 사람이 살려면 숨을 쉬어야 하며, 물속에서 꽤 오래 숨을 참을 수도 있지만, 스트레스가 많은 상황에서는 수영장에서 침착하게 호흡을 멈출 때보다 견디지 못하는 순간이 더 빠르게 찾아온다. 그는 자신이 무슨 짓을 했는지 알아차리고 그녀를 욕조에서 끌어내 살리려고 했다. 응급 구조대에 신고하지는 않고 당직 의사를 불러 아니타의 시신을 거실에 내려놓았다. 당직 의사가 사망 진단서에 서명했다. 의사의 말로는 자연사라고 했다.

장의사 직원들이 놀라운 촉을 갖고 있지 않았다면 '어물쩍 넘어갔을' 또 한 건의 죽음이었다. 프랑수아가 몇 시간 더 기다리다가 전화했거나 아니타의 머리카락을 말릴 생각을 했다면 어떻게 되었을지 감히 상상할 수 없다.

익사자 검사는 법의학자가 하는 업무의 일부다. 특히 내가 살고 있는 곳처럼 강이 흐르는 도시에서는 더욱 그렇다. 내가 살고 있는 아름다운 도시 리에주에서는 익사든 아니든 물속에 가라앉아 있던 시체가 일반적으로 열흘 후에 수면으로 떠오르지만, 이 기간은 온도에 따라 또는 강마다 다르다. 훨씬 더 시간이 흐른 뒤에 떠오르거나 영영 떠오르지 않기도 한다.

　강에서 자동차 한 대가 인양되었다. 경찰이 나에게 전화해 당직 치안판사에게 알리기 전에 와 달라고 했다. 차 안에 있는 사람의 성별이 애매했기 때문이다. 흔히 그렇듯이 시신에는 물살에 휩쓸려 간 탓에 사지와 두개골 부분이 없었고, 시신 윗부분에 갈비뼈가 보였다. 조사하기 위해 시체를 끌어냈다. 남은 것이 별로 없고 몸통뿐이었다.

　우리는 시신을 부검실로 옮겼다. 그것은 내 경력에서 가장 빨리 끝난 부검 중 하나일 것이다. 시신을 열어 보니 아무것도 남아 있지 않았다. 흉부와 복부 속이 비어 있다시피 했다. 내가 할 수 있는 말은, 그 시신이 여성이라는 것뿐이었다.

　신원 확인에 대해 말하면, 머리가 없어진 탓에 치아를 검사할 수 없었고, 상지도 없어져 지문 역시 채취할 수 없었다. 남은 일은 DNA를 채취해 분석하는 것뿐이었다. 그러나 그 또한 불가능했다. DNA를 채취하려면 손상되지 않은 세포가 어느 정도 있어야 하기 때문이다. 그런데 부패 상태로 보아 그 시신에는 그런 세포가 하나도 남아 있지 않을 것이 틀림없었다.

결국 자동차 번호판을 통해 차주를 확인하는 것 말고는 방법이 없었다. 차주인 여성이 자살 충동을 느껴 왔고 오랫동안 자동차와 함께 실종 상태였다는 사실을 알 수 있었다.

21

드라마 같은 재판 현장

벨기에에서 형사재판은 프랑스와 마찬가지로 치안판사들이 담당하며, 프랑스에서는 도(道, département), 벨기에에서는 주(州, province) 선거인 명부에서 무작위로 뽑은 시민 사회 구성원도 함께 참여하는 특별 재판이다. 프랑스에서는 2000년 법률 이후 형사재판의 판결이 항소 대상이 되었지만 벨기에에서는 그렇지 않다. 마찬가지로 프랑스에서는 절차의 가속화를 이유로 관할권이 축소될 위험이 있으며, 다른 재판보다 형사재판에서 이의 부담이 더 크다.

나는 27세 때 부검 보고서를 제출하기 위해 처음으로 형사재판에 출석했다. 그때 얼마나 스트레스를 받았던지! 그럴 만도 했다. 모든 것이 그곳을 인상적으로 보이게 만들었으니까. 많은 사람들이 나를 바라보는 것부터 시작해 재판장과 검찰 대표가 입은 붉은 법복까지. 그들이 붉은 법복을 입은 것은 한 사람은 사형을 선고할 수 있고 다른 사람은 피가 흐르는 죽음을 요구할 수 있기 때문이라고 관계자가 나에게 설명해 주었다. 그들이 입는 법복 색깔이 이를 반영하는 것이다.

벨기에에서는 오래전인 1996년에 사형이 폐지되었다. 또한 1918년 이후로 실행되지 않았다. 국왕이 매번 사형수의 사면을 요청했고, 이것은 형법에 사형이 여전히 존재한다는 사실을 사람들이 잊어버릴 정도로 전통이 되었다.

프랑스에서는 로베르 바댕테가 의회 앞에서 잊지 못할 호소를 한 뒤 1981년 마침내 사형이 폐지되었고, 그 전인 1977년에 마지막으로 사형수가 처형되었다.

리에주를 지나 왈론 생활 박물관을 방문하면, 2층 층계참의 어두운 방에서 리에주의 마지막 단두대를 볼 수 있다. 그 방에는 단두대만 있는 것이 아니다. 진열창 뒤에 단두대의 마지막 희생자, 리에주에서 마지막으로 단두대에서 처형된 노엘 라이에의 미라화된 머리가 있다.

노엘 라이에는 리에주 근방 어느 마을의 사제를 살해했다. 도둑질을 하던 중 사제에게 발각되자 살해한 것이다. 라이에는 범행을 부인했지만, 그를 알아본 마을 사람 여러 명이 증언하고 그의 집에서 사제의 이름이 수놓인 리넨이 발견되자 어쩔 줄 몰라했다. 그 단순한 남자는 그다지 똑똑하진 못했고, 구제받을 길이 없었다. 형사재판이 열렸고, 그에게 유죄와 사형이 선고되었다. 그는 1824년 2월 26일에 처형되었으며, 리에주에서는 이때 단두대가 마지막으로 사용되었다.

놀랍고 이상한 일이지만, 1817년 리에주에 설립된 신설 대학교에는 당시 해부학을 가르치는 데 필수적이었던 해부용 신체 조직이 아직 없었다. 그래서 노엘 라이에의 머리는 역사에 이름을 남기지 못한 어느 교수에게 맡겨졌고, 그 교수는 그것을 미라화했다. 미라화된 머리는 수년 동안 신경해부학 컬렉션에 남아 있었고, 나중에는 상자 안에 담겼다. 내가 국소 해부학(해부) 분야의 학생 강사(조교)로 근무하는 동안 그것을 볼 수 있었던 것은 흔치 않은 특권이었다. 두 세기가 조금 넘는 세월 동안 그 머리는 완벽하게 보존되었다. 입이 반쯤 벌어져 치아가 보이고, 눈은 감겨 있으며, 금발의 머리카락이 여전히 또렷하게 보인다. 그 머리는 한동안 사라졌다가 다시 나타나, 리에주의 역사 자료로 사용되도록 왈론 생활 박물관에 기증되었다. 나는 형사재판에 300회 이상 출석했다. 심지어 그곳의 일부가 된 것 같은 느낌도 든다. 수많은 치안판사, 배심원, 피고인 들이 그곳을 지나가는 것을 보았고, 거기서 많은 일을 경험했다. 그중 몇 가지를 소개하겠다.

어떤 변호사가 자기 인턴에게 이렇게 말했다. "전문가에게 질문할 때는 항상 답을 알고 있어야 해." 그는 내가 자기 말을 들는 것을 눈치채지 못했다. 그때 내 조수가 곧 내 차례라고 말했다.

"박사님, 박사님은 시신을 부검하셨습니다. 그것에 대해 우리에게 말씀해 주시겠습니까?"

술주정뱅이들의 사건이었다. 남편과 아내 모두 심한 만성 알코올 중독자였다. 어느 날 아침 내가 전화 연락을 받았는데, 아내가 침대 발치에 죽어 있는 것을 남편이 발견했다고 했다. 주치의가 구급차와 동시에 도착했고, 뒤이어 경찰이 신속히 도착했다. 부부의 상태 때문에 주치의는 경찰의 의견과 달리 그 죽음이 조금 수상쩍다고 생각했다. 검찰의 요청으로 현장에 가 보니, 피해자의 몸에 손으로 목을 조른 흔적이 매우 뚜렷하게 남아 있었다. 나는 그것을 검사에게 알렸고, 검사는 수사판사에게 연락하고 사법 경찰과 연구소 인력을 동원했다. 부검 결과 여성의 목 부위, 앞면과 왼쪽, 오른쪽 측면, 심지어 목덜미에까지 손가락과 손톱 자국이 매우 선명하게 남아 있어서 손으로 목이 졸려 사망했음을 확인할 수 있었다. 범인은 피해자를 무척 격렬하게 제압한 것 같았다.

남편은 범행을 줄기차게 부인했다. 수사가 끝난 뒤 형사재판이 열렸는데, 거기서도 아내를 죽이지 않았다고 계속 부인했다. 누군가 그들 집에 들어와 그녀를 목 졸라 죽인 다음 도망쳤다고 스스로를 변호했다. 일부 사람들이 채택하는 어리석은 변명이다. 내가 그런 말을 들은 것이 처음도(또는 마지막도) 아니었다.

내가 부검 결과에 대한 진술을 마치자 피고 측 변호사가 일어나서 말했다. "박사님, 박사님은 피고를 진찰하면서 피고가 자기 손톱을 물어뜯는 습관이 있다는 걸 확인하셨지요. 그를 교조증(咬爪症) 환자라고 묘사하셨습니다."

"그렇습니다, 변호사님."

변호사가 계속 말했다. "그런 상황에서, 그러니까 손톱이 없는데 그가 어떻게 불쌍한 피해자, 그가 몹시도 사랑했던 아내의 목에 그런 자국들을 남길 수 있었는지 설명해 주시겠습니까?"

"재판장님, 여기 와 있는 제 조수가 교조증 환자입니다." 내가 말했다. 그런 다음 조수를 돌아보며 요청했다. "손을 좀 보여주시겠습니까?" 내 조수가 손을 들어 보였다. "재판장님, 보시다시피 제 조수의 손에는 손톱이 남아 있습니다. 교조증은 손톱을 물어뜯는다는 뜻이지 손톱이 아예 없다는 뜻이 아닙니다. 그리고 이 사건에서 범행을 저지른 사람이 남성으로 추정되는 것은 바로 제가 말씀드린 격렬함 때문입니다. 몹시도 격렬하게 피해자를 제압한 나머지 그런 흔적들이 남은 것이기 때문입니다."

피고 측 변호사는 당황해서 잠시 말문이 막혔다가, 자기 인턴을 돌아보며 말했다. "봤지, 답을 모르면 질문하지 말아야 해."

다른 형사재판 이야기를 해보겠다.

"박사님." 변호사가 말했다. "매우 중요한 사항을 부검 보고서에 언급하지 않으셨더군요."

"아, 그런가요. 깨우쳐 주셔서 감사합니다, 변호사님."

"네, 피해자의 담낭에 결석, 그러니까 담석이 가득 차 있었다는 걸 언급하지 않으셨지요?"

"언급하지 않았습니다. 왜냐하면 그것은 지금 우리가 다루고 있는 사건과 상관이 없기 때문입니다."

"아, 그렇게 생각하시나요?" 변호사는 계속 말했다. "박사님 말씀은 틀렸습니다. 오히려 그건 매우 중요한 사실입니다. 담석이 많다는 것은 피해자가 화를 잘 내고 공격적인 기질인 담즙질이라는 증거이기 때문이지요. 그래서 피고인은 피해자의 그런 기질에 맞서 자신을 방어해야 했고 공격을 하게 된 것입니다." 믿을 수가 없었다. 그 변호사는 몰리에르의 희극을 통해서 배운 듯한 의학 지식을 이야기하고 있었다. 다행히도 의학은 17세기 이후 많이 발전했다.

내가 말했다. "재판장님, 오늘의 제 복장을 양해해 주십시오. 변호사님의 말씀을 듣고 보니, 길고 검은 제의를 입고 뾰족한 모자를 쓰고 이 법정에 있을지 모를 질병을 전부 쫓아내 줄 향수를 뿌리는 긴 노즐이 달린 가면을 쓰고 왔어야 했나 봅니다. 바로 그것이 변호사님이 우리를 데려가는 저 옛날에 의사들이 입었던 의상이기 때문입니다. 변호사님께서 훌륭하게도 기원전 400년경 히포크라테스가 창시했고 17세기 이후 폐기된 체액론을 우리에게 상기시키셨습니다." 배심원 전원, 치안판사, 그리고 원고 측을 대표하는 법조인들의 미소 또는 신중한 웃음 속에서 변호사는 잠시 불분명한 말을 웅얼거리다가 자리에 앉았다. 심지어 피고인마저도 웃었다.

또 다른 법정에서 벌어진 또 다른 형사재판은 한 여성을 상상할 수 없는 방식으로 살해한 혐의로 기소된 한 남자의 사건이었다. 그는 여성의 질, 그리고 아마도 항문 속으로도 손을 집어 넣어 장기를 밑에서부터 전부 뽑아내 버렸다. 그 행동으로 여성의 복부 하행 대동맥이 찢겨 저혈량증이 일어나, 즉 다량의 혈액이 손실되어 거의 즉시 사망에 이르렀다. 전대미문의 일이었고, 믿을 수 없었고, 상상조차 할 수 없었다. 지금에 와서 생각해 봐도 도대체 무슨 일이 일어난 건지 설명할 말이 부족할 정도다. 나는 용의자의 집에 갔고, 그 집의 유일한 방인 침실의 벽과 욕조의 배수구와 두 개의 개수대에 유기물이 분출해 있는 것을 발견했다. 경찰은 현장을 수색하던 중 옷걸이에서 피해자의 외투를 발견했다. 피해자의 시신은 그로부터 며칠 전 둘둘 말려 거리에 버려진 매트리스 속에서 발견되었다.

부검 결과에 대한 나의 진술이 끝나자 재판장이 나에게 물었다. "박사님, 그런 상태에서 사람이 얼마나 살 수 있습니까?"

"즉각 사망합니다, 재판장님. 대동맥이 파열되자마자 생존이 불가능해집니다."

"그러니까 피고인이 주장하는 것과 달리 피해자는 그런 상태에서 몸을 움직여 피고인의 집으로 찾아올 수 없다는 겁니까?"

"전적으로 불가능합니다, 재판장님."

그러자 재판장은 피고에게 물었다.

"피고인의 주장에는 변함이 없습니까?"

"네, 네, 재판장님. 그녀는 그런 상태로 도착했습니다. 저는 아무 짓도 하지 않았어요."

"하지만 법의학자가 그건 불가능하다고 말하는 걸 피고인도 들었지요. 그렇다면 뭐라고 설명하겠습니까?"

"모르겠어요. 의사분에게 물어보세요."

피해자가 당한 일에 대한 나의 설명을 듣고 감수성이 예민한 배심원들이 기절한 일도 수없이 많다. 부검 중에 찍은 사진으로 내 발언을 뒷받침한다면 상황은 더욱 끔찍할 것이다. 나는 절대 그렇게 하지 않는다. 왜냐하면 그것은 너무 충격적이고, 이성이 그들에게 명하는 바에 따라 그들이 반응하고 행동해야 하는 동안 그들을 자극하고 그들의 감정을 이용할 위험이 있다고 생각하기 때문이다. 피고인이 눈속임이 아니라 정말로 의식을 잃는 것도 두 번 보았다. 드물긴 하지만 그런 일도 일어난다.

형사재판은 나에게, 특히 나이가 들수록, 마치 역할 놀이처럼 느껴진다. 내가 사는 곳 같은 작은 마을에서 치안판사, 검사, 변호사 등 재판에 참여하는 많은 배우들을 알게 된 기분이라는 뜻이다. 이것은 놀라운 일로 보일 수 있다. 법정의 문을 지나는 즉시 나는 다른 세계로 들어간다. 거기서는 아무것도 면제되지 않을 것이며 모든 일이 불시에 일어날 수 있다는 걸 나는 잘 알고 있다.

"박사님, X씨의 시신을 부검하셨는데요, 그것에 대해 말씀해 주실 수 있겠습니까?"

"죄송합니다만, 재판장님, 저는 이 사건에 관한 부검을 실시하지 않았습니다."

"아, 그렇군요. 그럼 왜 이 재판에 참석하셨죠?"

"이 신사에 대한 조사에 관해 말씀드리기 위해서입니다, 재판장님."

"조사라고요? 그럼 부검은 누가 한 건가요?"

"아무도 하지 않았습니다, 재판장님. 그는 살아 있습니다. 방금 대기실에서 그와 이야기를 나눴습니다."

오해가 있었던 것이 사실이다. 그 남자는 채 1미터도 안 되는 거리에서 폭동 진압용 총에서 발사된 총알을 맞았다. 거리에서 그의 아내의 애인이 쏜 것이다. 때마침 그곳에 구급차가 지나갔다. 출동했다가 돌아오던 구급차는 즉시 그를 싣고 사이렌을 울리며 1.5킬로미터 떨어진 리에주의 대형 병원으로 달려갔다. 병원에서는 마침 혈관 외과 의사들이 수술을 마무리하던 중이었다. 그들이 수술복을 벗을 새도 없이 남자는 수술실로 옮겨졌다. 우심실이 총격에 영향을 받았지만 남자는 아직 살아 있었다. 의사들은 그를 수술하고 살려 냈다. 매우 예외적인 상황이었고, 담당 치안판사가 느꼈을 놀라움을 충분히 이해할 수 있었다. 재판부, 방청객, 피고인까지 웃는 모습을 본 드문 형사재판 중 하나였다.

법정에서 사람들이 웃는 모습을 또 한 번 봤는데, 그때는 웃음의 원인이 나여서 당황스러웠다. 한 남자가 한 사람을 살해하고 다른 사람을 강간한 혐의로 재판을 받고 있었다. 나는 구치소에 갇혀 있는 그를 조사해야 했다. 좀 더 정확하게 말하면, 기소장에 명시된 대로 그의 성기를 평소 상태에서, 그리고 가능하다면 '활동' 상태에서도 검사하고 그 결과를 '소형, 중형, 대형, 초대형, 초초대형'이라는 용어로 평가해야 했다. 그 기소장을 보고 나는 꿈을 꾸는 줄 알았다. 믿기지가 않아서 치안판사에게 전화를 걸어 물어보았고, 치안판사는 그 내용이 농담이 아님을 확인해 주었다.

상황이 그러했으니, 검사할 남자를 도발하고 발기를 유발할 무언가가 필요했다. 나는 서점에 가서 점원에게 "포르노 잡지 같은 것 있나요?"라고 물었다. 점원은 눈에 띄게 당황해서 나보다 훨씬 작은 목소리로 대답하며 잡지 코너의 맨 위쪽을 가리켰다. 나는 그런 종류의 잡지에 대해 아는 것이 거의 없었기 때문에, 그에게 가장 좋은 것으로 두 종을 골라 달라고 부탁했고, 그는 그렇게 해 주었다. 내가 계산서를 달라고 하자, 점원은 아무래도 몰래 카메라 같다고 의심했다. 온갖 수단을 동원해 그렇지 않다고 점원을 설득해야 했다. 그 계산서를 받아 본 법무부 재무 담당자의 얼굴을 꼭 보고 싶었다.

그리고 그 수감자를 구치소 의무실에서 만났다. "저는 치안판사로부터 귀하의 성기를 평소 상태에서 검사하라는 의뢰를 받은 법의학자입니다. 그리고 가능하다면 활동 상태에서도 그것을 측정해야 하고요."

"네, 변호사가 사람들이 여자를 보낼 수도 있다고 알려 줬어요."

"죄송합니다만, 여성 없이 해야 합니다. 그 대신 도움이 될 만한 잡지를 가져왔습니다." 평소 상태에서 성기 크기를 측정한 후, 나는 그를 혼자 있을 수 있는 작은 방으로 들여보냈다. 몇 분 후 그가 옆방에 있는 나에게 와서 그 상황에서 그가 할 수 있었던 것을 나에게 보여 주었다. 결과는 보잘것없었다.

내가 말했다. "발기가 완전하지는 않지만 한번 해봅시다."

"아시겠지만 박사님, 이런 상황에서는 쉽지 않습니다." 나는 그의 말에 전적으로 동의했다.

형사재판에 출두할 시간이 다가왔다. 나는 먼저 부검 보고서를 제출했고, 재판장은 비밀스러운 미소를 지으며 나에게 말했다. "박사님, 나는 Y부인이 X씨에게 오럴 섹스를 강요당했으며 '그것이 거대했다.'고 증언한 사실에 의거해 또 다른 임무를 당신에게 맡겼습니다. 그 임무를 통해 당신이 확인한 결과는 어땠는지 묻고 싶습니다." 이런 경위로 내가 너무도 특별한 그 임무를 맡게 되었던 것이다.

"예, 재판장님, 저는 재판장님의 요청에 따라 구치소에 갔고,

그곳에서 X씨의 평소 상태의 성기를 검사할 수 있었습니다. 하지만 활동 상태의 검사는 훨씬 더 복잡했습니다." 그때 피고인이 자신의 성기능에 대해 크게 타격받을 위험을 느끼고는 내가 이어서 말할 틈을 주지 않고 자리에서 일어나 이렇게 말했다. "재판장님, 제가 남자임을 저 의사분이 보여 주고 싶어 한다면 아무 때고 기꺼이 도와드리겠습니다." 나는 당황하지 않고 다음과 같이 덧붙여 말했다. "그런데 그 검사는 필요하지 않을 것 같습니다, 재판장님. 검사 결과의 해석을 매우 어렵게 만드는 두 가지 문제가 있기 때문입니다. 우선 소형, 중형, 대형, 초대형 또는 초초대형 음경이 무엇인지 우리에게 알려 주는 그래프나 표 등의 참고 자료가 없습니다." 이전까지는 모든 것이 순조롭게 진행되었다. 하지만 이때부터 상황이 복잡해지기 시작했다. 사실 나는 진술을 하기 전에 재판장을 만나 이 문제에 대해 이야기할 수 있기를 바랐다. 그래서 전화로 연락을 시도했지만 연결되지 않았고 답 전화도 받지 못했다. "그러니 재판장님, 제가 뭐라고 말씀드릴 수 있겠습니까? 아시다시피 인생에서는 많은 것이 상대적입니다. 바로 이번 검사의 경우가 그렇습니다. 어떤 사람에게는 작은 것이 다른 사람에게는 클 수도 있습니다."

"그게 무슨 뜻입니까, 박사님? 이해하기 쉽게 설명해 보세요!" 재판장이 위압적인 어조로 나에게 대답을 요구했다. 나는 궁지에 몰렸고, 스스로를 내던졌다. 최대한 조심스러운 어조로 이렇게 말했다. "피고인의 성기 크기에 대한 평가는 상대 여성 신체의 해부학적 구조에 달려 있습니다. 다시 말해, 상대 여성의 구강 개방 능력과 비교해 봐야 할 것입니다." 법정 전체에 한바탕 웃음이 터졌다. 잠시 휴정. 나는 약간 당황했다.

에필로그

"어떻게 그런 일을 하실 수 있나요, 박사님?" "잘 지내세요, 박사님?" "밤에 주무시다가 악몽을 꾸지는 않나요?" "일하면서 목격하는 끔찍한 일들을 어떻게 감당하며 사세요?" 내가 이 직업에 종사하면서 자주 듣는 말들이다. 이 모든 질문은 간단히 "정상적으로 살고 계신가요, 박사님?"이라는 질문으로 통합할 수 있을 것이다.

좋은 질문이다. 그리고 나는 그렇다고 대답할 수 있을 것 같다. 나는 가족과 함께 정상적으로 살고 있으며 매우 알차게 사회생활을 하고 있다. 동료들, 친구들과 많은 관계를 맺고 있고, 즐겁게 보낼 수 있는 시간을 결코 놓치지 않으며, 당직 근무를 할 때를 제외하고는 점심시간에 식당에서 자주 사람들을 만나면서 매우 바쁘게 지낸다. 특별한 이상 증상이 없으며, 무엇보다 내 두뇌는 서랍장처럼 작동한다. 법의학은 그중 하나의 서랍이다. 직업 외의 생활은 다른 서랍들에 해당하며, 내가 원하지 않는 이상 그 서랍들 사이에 연결 통로는 없다.

몇 년 전 텔레비전 방송 제작진이 내 직업 현장에 동행하며 취재를 한 적이 있다. 두 사망자에 대한 검사를 해야 했다. 도중에 우리는 자동차를 타고 이동했고, 카메라가 계속 돌아갔지만 나는 그것을 의식하지 못했다. 자동차 안에서 방송사 기자 소피가 내게 물었다. "박사님, 이런 사건에서 어떻게 빠져나오세요?" 나는 "문으로 빠져나오지요."라고 대답했다. 내 대답에 소피는 약간 당황한 것 같았다. 하지만 내 관점에서는 매우 정확한 대답이었다. 나중에 생각해 보니 방금 우리는 죽은 사람을 보았고, 아마 소피는 난생처음 죽은 사람을 보았을 터였다. 그 경험이 그녀의 마음을 약간 흔들었고, 그래서 실존적 의문들(나는 누구인가? 나는 어디서 왔는가? 삶의 의미는 무엇인가? 죽음 이후에는 무엇이 있는가?)을 갖게 되었을 것이다. 그런데 법의학은 이런 질문에 대한 답을 제시하지 않는다. 소피의 질문에 대한 나의 대답이 갑작스럽게, 그리고 유머를 가미해 화제를 철학에서 현실로 돌려 놓은 것이다.

이제 결론을 지어야겠다. 더 이상 할 이야기가 없어서가 아니라, 이 책뿐만 아니라 모든 것에는, 심지어 인생에도 끝은 있기 마련이기 때문이다. 그러니 인생이 여러분에게 미소 짓는 동안, 죽음이 여러분을 향해 미소 짓기 전에, 부디 다른 사람과 여러분 자신을 존중하며 삶을 한껏 즐기시기를.

죽은 자들은 말한다
================

1판 1쇄 찍음 2025년 8월 20일
1판 1쇄 펴냄 2025년 8월 25일

지은이 필리프 복소
옮긴이 최정수
발행인 박근섭, 박상준
펴낸곳 (주)민음사

출판등록 1966. 5. 19. 제16-490호
주소 서울특별시 강남구 도산대로1길 62(신사동)
강남출판문화센터 5층 (우편번호 06027)
대표전화 02-515-2000
팩시밀리 02-515-2007
홈페이지 www.minumsa.com

© (주)민음사, 2025. Printed in Seoul, Korea

ISBN 978-89-374-0499-3 (03100)

* 잘못 만들어진 책은 구입처에서 교환해 드립니다.